心灵养育

[日] 渡边弥生 著
潘郁灵 译

中国出版集团有限公司
China Publishing Group Co., Ltd.
现代出版社

图书在版编目（CIP）数据

心灵养育 /（日）渡边弥生著 ；潘郁灵译. -- 北京 ：
现代出版社，2025. 8. -- ISBN 978-7-5231-1207-6

Ⅰ. G78

中国国家版本馆 CIP 数据核字第 20251BY651 号

北京市版权局著作权合同登记号 图字：01-2025-0529

心灵养育

XINLING YANGYU

著　　者　［日］渡边弥生
译　　者　潘郁灵

选题策划　大愚文化
责任编辑　袁子茵
产品监制　王秀荣
特约编辑　刘红静
装帧设计　高　燕
责任印制　贾子珍
出版发行　现代出版社
地　　址　北京市安定门外安华里504号
邮政编码　100011
电　　话　(010) 64267325
传　　真　(010) 64245264
网　　址　www.1980xd.com
印　　刷　天津盛辉印刷有限公司
开　　本　787mm×1092mm　1/32
印　　张　8.25
字　　数　138千字
版　　次　2025年8月第1版　2025年8月第1次印刷
书　　号　ISBN 978-7-5231-1207-6
定　　价　59.00元

前言

父母每天都要跟孩子说很多话，而那些话，可能会对孩子的思维产生决定性的指引作用。

作为普通人，父母未必总能说出让孩子铭记于心的话，即便如此，他们也在努力让自己说出能给予孩子精神鼓励的话。

据说，在不久的将来，现有社会岗位中的一半都将被AI（人工智能）所取代，人类即将进入“VUCA时代”。VUCA是“Volatile（易变的）”“Uncertain（不确定的）”“Complex（复杂的）”和“Ambiguous（模糊的）”的首字母缩写。由此可见，人们认为未来的世界将是“易变的”“不确定的”“复杂的”以及“模糊的”。

对于生活在这个时代的人们而言，传统意义上既定的“海上航线”或“地图”已经变得不那么重要了，重要的是自己的“指南针”。这个社会已经不存在什么“正确道路”了，孩子未来的路该怎么走，将要靠他们自己去决定。

每个孩子手中都握着一枚“指南针”，在前行的道路上自主抉择是往北走还是向南行。他们会去想去的地方，做想做的事情。致力于国际经济的合作及协调的OECD（经济合作与发展组织）就曾指出：具备自主探索与决策能力的人，才是未来社会最需要的人才。

对孩子而言，构成他们人生指南针的核心要素就是“教育”以及父母日常给予的引导话语。等到他们长大成人，在人生的茫茫大海中迷失方向时，就会立即拿出自己的指南针。而他们最终将拥有一枚怎样的指南针，很大程度上取决于亲子之间的日常对话内容。

由此可见，亲子沟通极为重要，不仅如此，父母与孩子的沟通其实也是极为有趣且令人兴奋的事情。

想想看，如今那些与我们朝夕相处的孩子，未来终将成长为新世界的创造者。那么，在这个过程中，我们应该如何运用语言，为他们在未来新世界的生活指引方向呢？

我认为“发展心理学”当属一个重要的路标。

“父母的语言”应随着孩子的年龄而改变

发展心理学是一门关注人一生身心发展的心理学学科。

从发展心理学的角度来看，个体的身心会在出生到死亡的整个生命过程中不断变化，发展心理学正是从科学层面来探索和阐释这些变化的。除了外在变化，个体的内在及心理功能的变化也属于该领域的研究范畴。

发展心理学将个体的发展过程分为若干阶段，并对每个阶段的特征进行了简明的区分。这些阶段被称为“发展阶段”。在每个发展阶段中，个体的身心都会发生变化。

说到童年时代，我们很容易联想到“婴儿期”“幼儿期”“儿童期”“青少年期”等发展阶段。事实上，孩子在每个阶段所需的支持也不尽相同。

这种支持不仅会影响孩子在身体方面的成长和成熟，也会对其意志力、毅力、知识和情感等内在变化产生重大影响。

然而，并非学了这些知识，上了“做好父母”的必修课，就能做好父母。

作为父母，我们应在孩子的每个发展阶段提供对应的、适当的支持，给予他们相应的语言激励，但没有人教父母这些东西。

每个人都经历过孩童时期，然而社会日新月异，孩子们长大后将要面对的社会，与父母当下所处的社会定是迥然不同的。

若父母缺乏主动学习的意识，就难以给予不断成长的孩子适宜的语言激励。等到父母终于意识到这一问题时，孩子或许早已在成长的道路上与父母拉开了距离。令人担忧的是，许多家庭都存在这样的问题。

预测孩子的发展阶段有助于消除亲子间的隔阂

其实，养育子女本应是一件充满乐趣的事。父母与孩子在一起时所传递出的“快乐”情绪，能够对孩子的心理发展起到十分重要的积极影响。

当然，日常生活中也难免遇到许多麻烦事。也许某天，你会突然发现，那个曾经一向乖巧可爱的孩子竟然“砰”的一声关上了房门。

没有人喜欢被反抗。

但在这种时候，若父母能清晰地认识到：“来了！这也是孩子心理发展的一种表现。”就有可能有效地避免与叛逆期的孩子之间出现亲子关系裂痕。

“冷静策略”有利于改善亲子关系和解决育儿问题

孩子的性格与父母往往存在差异。

一旦他们觉得“这是父母把自己的价值观强加到我身上”，就难免会在言行上进行反抗。这是孩子的一种自我表达，他们想要过属于自己的人生，而不是成为父母的附属品。

作为父母，我们不仅要接纳孩子的心理发展过程，还要努力地提升自己，让自己有能力给孩子递上一枚足以为他们在人生大海中的航行指明方向的精准指南针。

因为，若父母自身缺乏培养子女的有效策略和智慧，而只是做无谓的努力，最终很可能会因为对孩子的未来感到迷惘而陷入焦虑与沮丧。父母越是想着“我要尽全力培养好孩子”，就越可能在育儿过程中失控。

不过，如果父母能在了解发展心理学的基础上找到让自己保持冷静的方法，就能较为准确地预测孩子的发展轨迹，甚至能在一定程度上预判“如果这么说，孩子会做何反应”。

如此一来，就能在很大程度上避免无心之言对孩子造成的伤害，避免让孩子内心产生阴影，从而不断巩固和强化亲子关系。

如何传达"父母的本心"

本书将结合发展心理学的精髓，通过具体实例，剖析那些过于努力地养育孩子的父母可能会说出的阻碍孩子心智发展的话语，并给出更具建设性、更适宜采用的表达方式。

本书讨论的主要目标群体包括幼儿期至小学高年级阶段的儿童。

当然，这并不代表“只要学会这些说法，就能让所有孩子都能得到健康的心理”或是“只要这么做了，孩子就会变得更聪明”。此外，本书所倡导的沟通方式，也与一些专家所建议的“夸奖式教育法”有所差异。

这本书的重点在于教会父母该如何向孩子传达自己的本心。因为在养育孩子的漫漫长路中，让孩子深切感知到“父母始终会为自己着想”这一点至关重要。

在具体沟通中，表扬和批评指导都不可或缺，但不能流于表面，父母应以孩子能够接受的方式向孩子传达生活中的重要信息。

这里所说的“本心”，并不是指发自内心、直言不讳，而是希望父母能凭借智慧的力量，用孩子们能听懂的语言与他们交流。

交流的最终效果是要让孩子觉得“被表扬了，好开心呀”或是“得到了爸爸妈妈的肯定”，又或是让孩子深刻认识到“我做了不该做的事情”。这样一来，父母的话才会被孩子们深深地记在心里。

所以对于父母而言，若想更好地培养孩子，那么关键在于如何真诚地表达本心，而非一味地要求孩子。

在与孩子相处的过程中，父母无须战战兢兢或一味妥协，只有从本心出发，才能真正体会到养育子女过程中那种无与伦比的快乐，收获独一无二的经验与感动。

换言之，本书希望教会大家如何通过语言培养出孩子强大的内心，为孩子的成长提供有力支持。

书中会举例说明一些时常被过于努力的父母挂在嘴边的话，并借助“智慧妈妈”之口，告诉大家应如何运用成年人的智慧，巧妙地向孩子传达自己的想法。当然，这里的“母亲”只是一个代表性角色，实际涵盖了父亲、祖父母等所有参与孩子教育的家庭成员。

希望读者朋友们能从书中的例子里得到启发，对孩子的个性和成长给予更多关注，让自己与孩子交流时的语言更有智慧。

等到孩子羽翼丰满，即将展翅高飞的那一天，你就能一脸欣慰地送他们迈向更加辉煌的未来。

目录

第 1 章 当你想“发火”时该怎么说

第 2 章

让清晨从此不再烦躁！用语言鼓励孩子自觉行动

第 3 章

对烦恼于人际关系的孩子该怎么说

第 4 章

再也不用说“快去学习！”的魔法

第 5 章

让父母和孩子都开心的语言艺术

第 1 章

当你想“发火”时该怎么说

1

对不会主动帮忙的孩子

✕ 努力的妈妈

“喂，喂，你能不能来帮个忙啊？”

○ 智慧的妈妈

“妈妈现在忙着洗衣服呢，
你可以帮妈妈扔个垃圾或者擦个桌子吗？
这样妈妈就能轻松很多哦。”

父母们似乎每天都很忙碌，家里总是有忙不完的事情，他们努力地想要做到家务、育儿两手抓。

忙碌间隙回头一看，却发现孩子们根本意识不到自己的辛苦，依旧自顾自地玩着。每每看到这种场景，父母们总会忍不住朝孩子大声吼道：

“喂，喂，你能不能不要再玩了，倒是来帮个忙啊！”

如果孩子有眼力见儿，一听到父母召唤，立刻回一声“好的！”然后迅速起身帮忙，那自然是皆大欢喜。可现实常常不尽如人意，孩子们的耳朵就像被一只无形的大手捂住了似的，似乎完全听不到父母的声音……

那么，为何孩子们不能听话地来帮忙呢？

其实孩子们不来帮忙并非出于反抗情绪，而是可能出于以下三个原因：

不帮忙的原因 1 不知道该做什么

对孩子们来说，“帮忙”是一个十分抽象的词语。但是父母可能会想：“每天做的事情就是这些，就算我不说，你也应该知道该做什么吧？”

这背后，其实隐藏着许多日本人心中的“工匠精神”。所谓的“工匠精神”，其实就是“用眼睛偷技术”和“模仿师父”，这是一种基于感性的认知方式。

这种感性认识在手工艺领域或许是通用的规则，但要让几岁或是十几岁的孩子也能做到无师自通，显然是不切实际的。

若想让孩子帮忙，那么首先要明确地告诉他们具体要做什么。

与此同时，最好要基于自己的需求，告诉他们具体的操作方法，比如可以这样说：

“妈妈现在忙着洗衣服呢。”

“你可以帮妈妈扔个垃圾或者擦个桌子吗？这样妈妈就能轻松很多哦。”

诸如此类，用孩子能够理解的语言告诉他们应该做些什么。毕竟，孩子很难自发地理解父母的感受，所以我们不能要求他们做到“不用我说，你也应该想到啊”这种程度。因此，如果希望孩子帮忙，就应该尽量说明得具体一些。

不帮忙的原因 2 觉得被父母指责了

“倒是来帮个忙啊！”——在孩子听来，这句话犹如是在指责自己“没有帮忙”。即使父母并无这种意思，孩子也会认为自己受到了指责，并为了“不受伤”而选择充耳不闻。

不帮忙的原因 3 觉得这是“被迫做”的事

即使是成年人，也不喜欢被人强迫做事。例如，如果领导一直对你呼来喝去，指挥你做这做那的，想必你也会觉得很烦吧。

孩子也是如此，也会觉得被迫做事“烦死了”。为了避免让孩子产生“烦死了”的感觉，父母可以找机会温柔地告诉孩子帮助他人的重要意义，例如：

“宝贝，你也是我们家的重要成员。所以，如果你也能为家里做一些力所能及的事情，我们的生活就会变得更幸福哦。”

接着告诉孩子：“你可以自己决定要怎么来帮助爸爸妈妈。”人类的动力，很大一部分是源于“自我决定感”。自我决定就是“我要自己决定怎么做”。当孩子产生“我决定了”“我决定做并且成功做到了”……这样的想法时，就会更有干劲。

比如问孩子：“你想扔垃圾还是擦桌子呢？”

给出具体的选项后，孩子就能明白父母希望他们帮什么忙了。“那我去倒垃圾吧！”一旦孩子自己做出决定后，行动的积极性就会大大提升。

2

对反复警告却屡教不改的孩子

✕ 努力的妈妈

“不行不行！我到底要跟你说几次才能听懂？”

○ 智慧的妈妈

“你知道为什么妈妈不让你这么做吗？
妈妈先跟你说说，为什么不让你这么做。
然后再告诉你正确的做法。”

培养孩子，需要对其进行管教。

那么，什么是管教呢?

从较为专业的角度来说，管教就是“教会孩子生活行为、礼仪、纪律和规范”。

通俗地说，管教就是帮助孩子获得自主判断与行动的能力，使他们更好地在这个复杂的世界中立足，并适应社会生活。

所以，管教并非一味地责骂孩子“做了不该做的事”或是“做不到某件事”。

而是教会他们“不可以这么做”，或是“应该这么做”。然而，父母往往倾向于用简单的否定性语言约束孩子的言行。

“语言伤害”的危害性远比父母想象的严重得多

责骂会给孩子造成很大的伤害。

每一次粗暴的责骂，都像是在大声地告诉孩子“你完了”“你就是废物”。这样的言语攻击，极易在无意中伤害到孩子幼小的心灵。

尤其是小学阶段的孩子，心理发展尚不成熟，如果“不行”“愚蠢”或“嫌弃”等负面词语频繁在孩子耳边响起，那么这些词语很容易就会如毒刺一般深深扎入他们心中。

无论事后父母找多少诸如“妈妈很爱你，说这些话都是为了你好”之类的理由，“自己是个废物”的负面认知也已深深地扎入了孩子的心里，难以轻易消除。

“武力管教”是大忌

发展心理学指出，管教可以分为三种类型。

第一种是“武力管教”。

例如冲孩子怒吼：“我不是说了不行，你听不懂吗?”或企图通过体罚等暴力方式来约束孩子的行为。

这是一种利用孩子惧怕惩罚的心理的管教方法。使用这种管教方法后，孩子可能会因为“惧怕”而短暂改变自己的行为。

但长此以往，当孩子长大后，身边没有了敬畏之人，或没有人再用严厉的语言指责他时，他们很可能会从惧怕转为一种“无所谓”的态度。之前被压制的行为问题可能会再次爆发，甚至变本加厉。

“利用有要求的爱来管教”是大忌

第二种是“利用有要求的爱来管教”。

孩子表现好的时候，你对他说“最爱你了”，一旦孩子表现不好，你就立马翻脸，对他说“讨厌你”。这就是典型的利用有要求的爱来管教的表现。其中的危害，我们将在后文具体阐述。

最理想的管教方式是“说明性和指导性管教”

第三种是“说明性和指导性管教”。

这种方式要求父母耐心地告诉孩子原因，即：“为什么不能做”“为什么很危险”，让孩子真正理解背后的道理，从而达到学习和成长的目的。

例如，当我们看到孩子因为抢玩具而打了小伙伴时，不要只是简单粗暴地说一句“不能打人”，而是应该告诉孩子不能打人的原因和正确的处理方法。例如：“被打的小朋友会觉得疼，对不对？所以我们不可以打人哦，如果你想要玩具，可以试试对他说‘借我玩会儿好吗？’”

当然，这种管教很难立即见效，所以我们需要一遍又一遍地耐心教导。

虽然需要花费较长时间，但父母的话会逐渐融入孩子的内心，并对孩子的品德、同情心和判断能力的养成产生深远的影响。现有心理学研究表明，这是最有利于孩子成长的管教方法。

相比之下，第一种和第二种管教方法的效果可谓立竿见影，但是这两种方法也存在很大的缺点。由于这两种方法都没有对具体的错误原因进行说明，所以无法培养孩子的是非判断力和同情心，这不仅阻碍了他们的社交技能发展，还容易让孩子滋生“我是个失败者”的自卑感。

当然，这并不代表我们永远不能对孩子说“不”。关键在于，在说“不”的同时，要详细地向孩子解释原因，以及正确的做法是什么，帮助孩子在理解中成长。

3 对努力帮助父母的孩子

❌ 努力的妈妈

“宝贝真乖，妈妈最爱你了。”

⭕ 智慧的妈妈

“哇，宝贝都会主动来帮妈妈了呀，妈妈好开心，谢谢宝贝！”

很多人都听说过“夸奖式教育法”的理论，然而，也有一些人认为“有些夸奖方式并不一定对孩子的心理发展有利”。其中之一就是在孩子做好一件事的时候这样表扬：

“宝贝真乖，妈妈最爱你了。”

虽然在孩子表现好的时候夸赞他，说“妈妈最爱你”这种管教方式本身也许并无不妥，但喜欢说这种话的妈妈，或许也往往容易在孩子表现不好的时候斥责“你这孩子真讨厌”。

在孩子表现好的时候用“最爱你”来夸奖他们，在他们表现不好的时候用“讨厌你”或“我们没有你这种孩子”来斥责他们，或是索性冷着脸不理睬他们，这种引导孩子改正错误行为的方法就是“利用有要求的爱来管教”。

孩子们总是渴望得到父母的爱。无论父母身份如何、地位如何，孩子都希望父母能从心里爱他们。“利用有要求的爱来管教”其实正是利用了孩子渴望得到父母之爱的心理。于是，孩子会逐渐形成这样的思维模式：

只要我努力表现，妈妈就会更喜欢我。

我不做某些事是因为不想让妈妈讨厌我。

如果孩子将能否获得父母的爱作为自己的行为准则，为了得到父母的爱，他们就会选择听从父母的话。久而久之，他们学会了看父母的脸色行事。

那些在“利用有要求的爱来管教”环境下长大的孩子，未来会变成什么样呢？

以父母之爱为行动源泉的那些孩子们，长大后走向社会，他们会为了得到老板赏识而时刻注意观察老板的脸色；恋爱后，他们会变得小心翼翼，生怕自己遭到对方嫌弃。

总而言之，这些孩子迈出每一步前，往往会先观察他们认为重要的人的脸色。

而且，他们也缺乏属于自己的行动准则，难以对是非对错做出独立判断。长此以往，这些孩子就无法拥有我们在前言中提到过的运用“自己的指南针”来决定人生前进方向的能力，只能以他人的喜好为行动标准，过着看人脸色的生活。

那么，如果孩子在没有父母要求的情况下主动帮忙，或他们表现得很好时，父母应该如何表扬他们呢？不妨这样说：

“哇，宝贝都会主动来帮妈妈了呀，妈妈好开心，谢谢宝贝！”

要具体说明开心的原因，并用“谢谢”来表达自己的感激之情。这样一来，孩子就会受到正向激励，萌生出“我要做得更好”的想法，从而在积极健康的氛围中不断成长。

图 1

管教的三种类型

① 武力管教

父母
- 怒吼
- 不分青红皂白
- 敲打

⇓

孩子
- 因为惧怕而改正
- 如果不惧怕就不会改正

② 利用有要求的爱来管教

父母
- 在孩子表现好的时候会开心地对他说“我最爱你了”
- 在孩子表现不好的时候就会斥责他“你这孩子真讨厌”

⇓

孩子
- 学会了看父母脸色行事

（①②）
优点
效果可能立竿见影

缺点
孩子不明白原因，所以不会提升判断能力

③ 说明性和指导性管教

父母
- 耐心地反复说明，让孩子明白为什么要这样做

⇓

孩子
- 在父母耐心说明的过程中，孩子的是非善恶判断能力、同情心和品德都会获得成长

优点
培养孩子“自主决策和行动的能力”

缺点
无法立即见效

4

对暂时无法完成父母口中“简单”之事的孩子

❌ **努力的妈妈**

“你连这个都做不到吗？”

⭕ **智慧的妈妈**

“只要你这么做，就能做好这件事了哦！”

在亲子相处的过程中，父母有时会对孩子说出一些无心之言，其中可能便有不分青红皂白的斥责。殊不知，这些话很容易对孩子的自尊心造成伤害。

自尊心的英文是“self-esteem”，又被称为“自尊感受”。从专业角度来说，就是“对自我的肯定或否定的态度”。

简单来说，这是一种接受自己的心理，包容自己的优点和缺点，告诉自己“这就是我”。此外，也可以理解为日常所说的“自我肯定感”。比如，父母可能会脱口而出：

“你连这个都做不到吗?”

父母之所以会说这些话，背后的想法往往是“我希望孩子能做到”“这不是很容易的事情吗”“孩子只要努力一下，应该就能做到的呀”。

这其实是父母对孩子抱有极高期望的表现。

“父母的期望”无法直接传达到孩子的心里

然而，父母的期望，在孩子听来，却常常变了味，成了轻蔑和刻薄。很遗憾，这样的表达并不能准确传达出自己的真实想法。

像“你听不懂吗”“你做不到吗”这种用疑问的语气表达否定意思的话，不仅会让人产生很不友好的感觉，还会让孩子产生一种“我被嘲笑了”的感觉。

如果父母这么向孩子表达自己的观点，最终可能会导致与自己的期望完全相悖的结果。主要有两方面原因：

①孩子觉得自己“被嘲笑了”，因此出现了抵抗情绪。

②伤到了孩子幼小的心灵，使他们对自己失去信心，自我肯定感降低。

无论是哪种情况，都会对孩子的自尊心造成极大伤害。

一般来说，自我肯定感高的孩子对自己更满意，即使在某件事情上遭遇失败，也不会全盘否定自己，很快就能重整旗鼓，继续积极前行。

相反，一旦自我肯定感受到伤害，孩子就会生出自卑感。

自卑感是一种通过与他人进行比较来评价自己的心理，同时也是孩子在成长的过程必定会出现的心理。

虽然自卑感本身并不是坏事，但问题是，若自卑感过于强烈，就会导致孩子失去干劲和自信，甚至陷入无助的死胡同。

“这个”该怎么做，你好好教过孩子吗？

“你连这个都做不到吗？”这样的说法，可能会加重孩子的自卑感。所以父母在想要说出这句话时，一定要先自我反省：作为父母，我真的好好教过孩子“这个”该怎么做了吗？

有些事情，在父母看来也许的确很简单，可对于缺乏经验、技能尚不熟练的孩子来说，就是十分困难的事情。

最近，我本人也经历了类似的事情。一位十分擅长 IT（互联网技术）的人看着我笑道："你连这个都不会吗?"当时我就在想，他要是能具体指导我，告诉我"你这么做就能做好了"，那该多好。

父母详尽传授自己的经验与智慧

如果孩子做不到父母认为他应该能做到的事情，那么父母就应该将自己的经验和智慧详尽传授给孩子，明确告诉孩子应如何去做，比如"尝试这么做""这样做就对了"或者"我们来试试看吧"。

通过不断重复指导，孩子自然就能学会并牢记如何做这件事了。

成功做到以前做不到的事情，将会大大提升孩子的自我肯定感和自信心。

发展心理学中有一个术语叫"Unlock Potential（潜在能力突破）"。潜在能力指的是"尚未开花"的才能。不要锁住这种才能，就好比不要摘去尚未绽放的花苞……对于父母而言，通过语言激发孩子的潜能也是对孩子成长的一种支持。

5

对说出“我不喜欢妈妈”的叛逆孩子

✕ 努力的妈妈

“你怎么能这么和妈妈说话？”

○ 智慧的妈妈

“妈妈知道你想表达自己的想法。但你这么说会让妈妈伤心的。”

最近，一位五年级男孩的妈妈找我咨询了一件烦心事。她是这么说的：

最近，我儿子经常对我说："妈妈，我讨厌你。"

于是我告诉他："不可以对父母说讨厌。"结果他更生气了，对着我大肆抱怨了一番，我们俩因此大吵了一架。

和孩子吵架，我心里也不好受。于是自那以后，他只要再对我说什么"讨厌你"之类的难听的话，我就选择闭嘴，进行冷处理。

结果孩子坐不住了，对着我大吼："你怎么当妈妈的，就这么无视孩子吗？"或是："你以为不理我就行了吗？"最后就又吵起来了。

我到底该怎么办才好啊？

亲子矛盾出现后，往往会因为双方都无法控制自己的情绪，最终演变成激烈的争吵。许多父母都有类似的烦恼，苦于不知该如何对待青春期叛逆的孩子。

但无论如何，我们面对的毕竟是还没长大的孩子，作为思维更加成熟的父母，我们应努力控制好自己的情绪，尽量保持冷静。如果父母忘记了这一点，一听到孩子的气话就火冒三丈地吼道："你怎么能说这种话！"往往只会让孩子变得更生气。当然还有另一种可能，就是孩子会觉得"我以后什么都不会告诉你们了，反正不管说什么，我都要挨骂"。之所以每次都会演变为剧烈的争吵，正是因为父母们没有从这些冲突中吸取教训。

“再构法”：转换视角，化解矛盾

父母在管教孩子时，通常秉持着“不行就是不行”的想法。但是，就像上文中提到的那些案例一样，父母在被气得失去理智时管教孩子，往往都是徒劳无功的。

孩子虽然是从妈妈的肚子里生出来的，但他们是独立的个体，拥有独立的个性，偶尔与父母意见相左当然也是很正常的事情。所以，父母首先应充分认识到孩子已经进入拥有自己观点且喜欢与父母唱反调的年纪。

另外，父母也要充分认识到，无论是孩子还是自己，一旦冲动，就很容易口不择言。想要恢复冷静，父母就要将关注点放在孩子想要表达的意思上，用理解的语气问孩子：“你是这样想的吗？”

不过，与此同时也要提醒孩子，“讨厌”之类的消极词语是很伤人的。所以父母可以耐心地告诉孩子：“这种说法会让对方伤心。”

其实“有自己的想法”也是孩子自信的一种表现。这些看似消极的现象，如果能换个角度看，就成了一种“成长”。

跳出既有框架（对事物的固有看法），基于另一个完全不同的框架来重新评估事物，这就是“再构法”。再构法不仅可以帮助父母发现孩子更多的优点，也能让孩子变得更加自信。

图 2

可以瞬间从积极的角度看待孩子性格的“再构法”。

那些看似消极的性格，也可以通过“再构法”变成“优点”或“擅长的事情”。如此一来，父母就会发现其实孩子身上满是优点。

“再构法”具体示例

- 吵闹 ➡ 精力充沛
- 一点就着 ➡ 对自己诚实、热情
- 任性 ➡ 有自己的想法
- 马虎 ➡ 不拘小节
- 胆小 ➡ 具有识别危险的能力
- 跳脱 ➡ 兴趣广泛
- 沉默寡言 ➡ 谨慎、温和、警惕
- 老实 ➡ 稳重、善于倾听
- 决策慢 ➡ 思虑周全
- 不提意见 ➡ 合群、体贴
- 多管闲事 ➡ 热心、会关心人
- 执拗 ➡ 顽强
- 没耐心 ➡ 好奇心旺盛
- 没正形 ➡ 性格开朗、善于活跃气氛、有幽默感
- 性子急 ➡ 决策迅速
- 慢吞吞 ➡ 沉着、豁达、有耐心
- 好强 ➡ 善于交际
- 懦弱 ➡ 善良、神经细腻
- 善变 ➡ 有个性、有独创性
- 爱哭 ➡ 感情丰富
- 被惯坏了 ➡ 擅长撒娇
- 消极 ➡ 保守、谨慎
- 骄傲 ➡ 自信、果断、明确
- 八面玲珑 ➡ 擅长与人交往

资料来源：渡边弥生主编《全彩插图 发展心理学入门》，Natsume 出版社。

这也是成长

为什么要练这么久钢琴？！我讨厌妈妈！
!?
我是大人，我要冷静……
能表达自己的意见，就说明你长大了。
谢谢你能告诉我真心话，确实太累了……我也觉得不用练这么久。
不过你说“讨厌妈妈”，会让妈妈很伤心的。
对不起……

专栏

弥生老师的心理健康咨询室

"good enough"有助于提升自我肯定感

"如何提升自我肯定感"，这一问题向来备受人们的关注。相关调查表明，无论是在工作、婚姻，还是其他各类人际关系中，自我肯定感较高的人，往往更容易获得美满、幸福的生活。由此可见，自我肯定感的培养也是儿童心理发展进程中不可忽视的一个重要环节。

那么，究竟该如何培养自我肯定感呢?

美国心理学家罗森伯格（1934—2015）指出，自尊心包含两种内涵。一种是认为自己"very good（非常好）"，另一种则是认为自己"good enough（已经足够好了）"。

"very good"的认知是建立在觉得自己比他人更优秀的基础上。因此，那些较少获得表扬的人，自尊心也会相对更低一些。

我们总喜欢追求理想的人生，也喜欢时常拿自己的孩子与他人进行比较，希望培养出"我们理想中优秀的孩子"。

然而，当父母要求孩子变得"very good"时，一般都不会轻易予以表扬，而是以鞭策为主，不断告诫孩子"要更努力"。

对于一心想"培养出优秀的孩子"的父母而言，所有诸如“了不起”和“好厉害”的赞美之词，通常都是针对那些比自家孩子更加优秀的其他孩子，而非自己的孩子。

这实际上体现出这些父母对自家孩子当下的状态持有否定的态度。因此，若父母采用的是追求“very good”的培养法，那么往往难以培养出自尊心强、自我肯定感高的孩子。

“good enough”则是一种接受自己所有优点和缺点，从心底认同“这就是我”的心理状态。

这才是真正意义上的自我肯定感。

如果用“good enough”的方式培养孩子，通常意味着父母接受了孩子的一切，秉持“尽管孩子在某些方面做得不好，但也有很多优点啊。这样就足够了”的观念。当孩子拥有“自己已经足够努力了”的心理认知时，会由此产生一种“帮助了他人”的成就感、“比过去有所进步”的成长感，以及一种“失败也没关系，只要努力就一定有好结果”的自我效能感。

从这个角度出发，父母便能真切感受到孩子每一次可喜的成长和变化。

若父母能以“你只要做自己就足够了”的宽容心态来接纳孩子的一切，不仅可以有效提升孩子的自我肯定感，在这个过程中，父母自身的自我肯定感也会在潜移默化中得以增强。

6

对表现亮眼并等着表扬的孩子

✕ **努力的妈妈**

“哥哥（姐姐）在你这个年纪还做不到这些呢，你真是太棒了！”

○ **智慧的妈妈**

“你都能做这些事了啊？你真是太棒了！”

若膝下有多个孩子时，父母应时刻注意一个关键要点：兄弟姐妹之间天然存在着对父母宠爱的竞争关系。所以他们很容易因此产生矛盾。

想要让孩子在成年后也会认为“有兄弟姐妹真好”，并且能与兄弟姐妹和睦相处，父母就要在培养孩子的过程中更加明智。

明智的父母在一开始就会避免在兄弟姐妹中进行比较。不仅在斥责时会注意这一点，对孩子进行表扬时也是如此。

如果父母小时候曾被他们的父母拿来与兄弟姐妹做比较，想必会很清楚这是件多么令人讨厌的事情，通常这些父母也能做到在斥责孩子时尽量不说“哥哥（姐姐）都能做到，为什么你不能”之类的话。

那么，在表扬孩子的时候，又是否注意到这一点呢？

会使用例如“哥哥（姐姐）在你这个年纪还做不到这些呢，你真是太棒了”之类的语句吗？

在表扬年纪更小的孩子时，父母会下意识地觉得将他们与哥哥姐姐进行比较能够让他们觉得更具体易懂。当然，父母也会挑哥哥姐姐不在身边的时候这么说。

不过，即便是在表扬孩子，也应注意不要采用与兄弟姐妹进行比较的说法。

父母应时刻记住，在争夺父母宠爱的环境中长大的兄弟姐妹很容易产生竞争意识，进而相互嫉妒。

在兄弟姐妹间进行比较的害处

当孩子被父母夸奖“比哥哥厉害”时，他的自尊心或许会在短期内得到极大满足。不过，这些通过刺激竞争的方式让自尊心得到满足的孩子，会随着年龄的增长越来越鄙视自己的哥哥姐姐。不仅如此，这些孩子还会逐渐明白父母喜欢拿自己与哥哥姐姐进行比较，于是很可能会在不经意间突然蹦出一句“妈妈说哥哥比我笨多了”之类的话，哥哥听到这句话后，肯定会很失落，觉得“原来在妈妈心里，我是个笨孩子”。

这种因比较而生出的不愉快记忆，很可能成为孩子之间矛盾的导火索。

父母要明白的是，自己究竟想告诉孩子的是什么呢？

其实并不是他和兄弟姐妹之间的比较结果，而应该是自己内心的想法。即便只是单纯表扬孩子，也应该详细告诉他是哪里让自己觉得“太棒了”，只有具体的描述才能让孩子印象更加深刻。至于兄弟姐妹，则根本没有提及的必要。另外，父母还需注意避免说以下这种话：

× “你是哥哥，要让着弟弟妹妹啊！”

× “你是姐姐，就应该照顾弟弟妹妹啊！”

或许每个父母都无意间说过类似的话吧。研究表明，长子或长女作为家庭中的第一个孩子，性格大都相对敏感、稳重。如果父母要求长子或长女让着弟弟妹妹，他们难免会觉得有些委屈。

当然，与兄弟姐妹相处有助于提升孩子的社交能力。但健康的社交能力必须建立在父母尊重每个孩子独立人格的基础上。将孩子拿来与他的兄弟姐妹进行比较，这种行为本身就是对他们独立人格的一种否定。

没有兄弟姐妹的独生子女

那么，如果是家里的独生子女，会怎么样呢？一些独生子女的父母可能会因为孩子太寂寞而感到内疚。

其实不必担心，因为除了家庭环境，孩子的社交能力也可以在学校、社区等其他地方得到锻炼。

而且独生子女无须与任何人争夺父母的宠爱，也能享受到更为充裕的物质条件，比如可以独自享用一块大汉堡，无须和其他兄弟姐妹分食。正因如此，独生子女大都不争不抢、性格温和，情绪较为稳定，这也恰恰是他们的一大优势。

7

对不会和朋友的妈妈打招呼的孩子

✕ 努力的妈妈

“你小时候嘴巴可甜了，见人都会打招呼，怎么长大后反而不会了？”

○ 智慧的妈妈

“妈妈知道你不好意思跟阿姨打招呼。不过如果你跟阿姨问好，她一定会很开心的哦。”

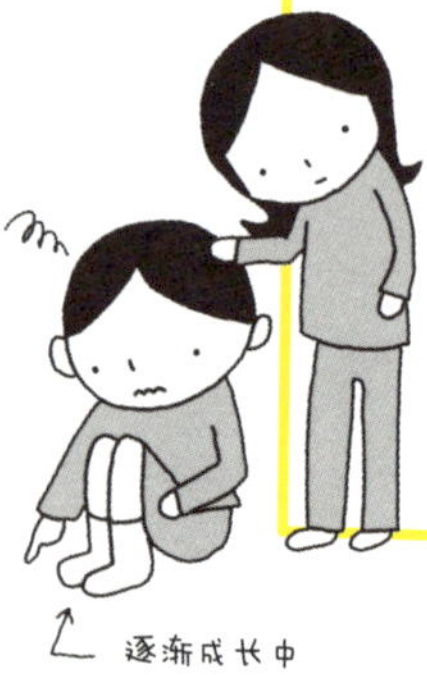

培养孩子的“自我成长感”是一个漫长的过程

想要提升孩子的自我肯定感，就一定不能忽视对其“自我成长感”的培养。

自我成长感并非源于战胜他人得到的满足感，而是一种发自内心的、认为“我能做到更多了”“我进步了”的成就感。

然而，人生之路布满曲折，成长从来不是一条笔直的轨迹。

即使只是与人打个招呼这种小事也是如此。小时候，孩子会甜甜地对朋友的妈妈说：“阿姨好！”但进入青春期后，孩子可能就会因为觉得不好意思而别过头去。

不过父母不用担心，等到孩子到了上大学的年龄，通常又能热情地与人打招呼了。

复杂的心智发展并不会简单直接地引导行为变化。因此，应将那些曾经能做到，但现在做不到的事情视为一种自然的发展结果，将注意力更多地放在孩子的心理变化，而非言行变化上。

这样一来，我们可能就会发现，孩子不想做某件事，其实并不是出于任性，而是出于譬如害羞、害怕麻烦、正好处于变声期等其他原因。正因为孩子们的思维更周全了，考虑的因素增多，反而无法立即行动起来。

所以，如果家长察觉到孩子不再做曾经能做的事情时，千万不要脱口而出"你以前都可以，怎么长大了反而不会了"之类的话，因为这样就相当于是在告诉孩子——"你变得越来越差了"。

只有感觉到"自己变得越来越好"，才能获得自我成长感。如果听到的是"你不如从前"，那么孩子就很难获得自我成长感。

有些行为看似退化，但只要有助于提升自我成长感，就能促进孩子的心理发展，进而促进其行为发展。

孩子不愿意和他人打招呼的原因其实在于其"心理成长"

孩子以前很愿意和人打招呼，现在却不愿意了，这恰恰反映出他们的心理正在逐渐成熟。

仔细想想，面对朋友的妈妈会感到害羞的孩子，是不是给人一种突然成熟、懂事的感觉呢？明白这一点后，家长只需告诉孩子，他的行为会让对方产生怎样的感受就足够了。比如可以这样说：

"你是不是觉得不好意思大声说'阿姨好'呀。妈妈非常理解你的心情。不过如果你跟阿姨问好，她一定会因为得到你的喜爱而感到很开心哦。"

人就是在“得到”与“失去”的交替中成长起来的

在孩子的各个发展阶段中，父母总是将目光聚集在“得到”方面，即“他学会做什么了”。可是人的一生，一定是有所得也有所失的。

“发展”一定会伴随着某些“失去”。

有些父母往往只关注孩子是否学会了什么，却忽略了孩子在“得到”新知识、新能力的同时，也会“失去”一些过往的行为方式或习惯。

例如，请回想一下孩子一岁时的模样。在他学会站立和行走后，就不用爬行了。换而言之，在孩子得到行走的能力后，自然也就不再使用爬行的能力了。

可见，人的一生都在不断经历“得到”和“失去”。

提前预测孩子的发展阶段可以减少育儿焦虑

发展心理学为我们清晰呈现了人类身心变化各个阶段的时间节点和具体特征。

若父母能事先对这些标志性的特点有所了解，那么在教育孩子时就不会过于担心诸如“为什么以前可以，现在反而做不了了”或是“孩子怎么总这样啊”之类的问题了。

对于不可预测的事情，人们本能地会感到不安，对于可预测的事情则能做到冷静分析。

父母如果事先了解这些特征，就不会总是担心“这孩子是不是变了”，在看到孩子做出一些自己不认同的行为时，也能明白“这是成长的标志”，从而给予孩子更多的理解和包容。

8 对乱扔垃圾的孩子

✕ 努力的妈妈

“垃圾要扔进垃圾桶里！这种事还用得着我说吗？”

〇 智慧的妈妈

“垃圾就要直接扔进垃圾桶里。这样家里就会一直保持干净，你也不会被垃圾绊倒了。”

在日常生活中，父母常常会因为需要不断提醒孩子而感到烦躁。

“回家第一件事就是洗手、漱口。”

“擤完鼻涕，要把纸巾扔进垃圾桶。”

“把吃的东西拿进厨房。”

“袜子要翻回正面后放进脏衣篮。”

生活中还有许多这类看似“理所当然”的事情。

父母通常会觉得：既然是“理所当然”的事，孩子就应该“理所当然”地做好。

但实际情况是孩子们总是“不能理所当然地做好”。于是，父母只能不断地重复同样的唠叨。这太累了。

想象一下网球学校的场景

我们不妨想象一下网球学校里的情景。

假如现在是你自己去上网球课，那么，你希望找一个什么样的教练呢？既然决定好好学习网球，想必你也希望找一个耐心、认真的教练吧？

如果教练能不厌其烦地指导你“这样握拍”“仔细看球”“要让球打到球拍的正中心”……想必你也会觉得“这教练真好”吧？

如果教练不仅耐心、认真，还会时常用通俗易懂的语言告诉你“为什么要这么握拍”，想必你就能学得更快了吧。

如果他还会在你有进步的时候笑着鼓励你：“太棒了！你做得很好！”那你是不是会觉得更有干劲呢？

好了，接下来再想象一下截然不同的教练！

“用球拍击球，球不就能飞起来吗？这种事还用得着我说吗？”“你连这个都做不好吗？”“我到底要说多少次，你才会懂？”要是动不动就挨这样的骂……你大概会被吓得大气也不敢出，最后索性放弃网球课吧。

如果教练告诉你：“这么简单的事都做不好，那就一直在那儿练，直到做好为止。”你肯定会觉得这位教练太不近人情了，不由自主地打起退堂鼓吧。

对孩子的管教亦是如此。

家长如同教练，孩子就像学生。

父母管教孩子，是为了帮助孩子获得“自己判断、自己行动的能力”，从而让孩子更好地在这个世界上生活。

就像我们需要练习很久才能打出直线飞出的网球一样，孩子也需要不断练习，才能做好那些父母认为“理所当然”的事情。

父母每天教育孩子，就如同教练每天指导学生一样。

除此之外，还有一个需要注意的地方，那就是成年人眼里的“理所当然”，在孩子眼里也是这样吗？

成年人之所以会觉得某些事“理所当然”，是因为这是我们在过往的人生经历中不断重复所获得的经验。

但很多时候，由于阅历不足，孩子可能根本理解不了成年人眼里的那些“理所当然”。因为这本身就是一个高度抽象的概念。

由此可见，“这么简单的事情，你怎么就是学不会呢”之类的训斥，绝对不是一种理想的教育方式。这么做往往会让孩子产生“我又惹爸爸妈妈生气了”的愧疚感。

即便只是要求孩子做一些日常小事，也应结合孩子所处的发展阶段，用他们能够理解的语言，详细说明让他这么做的原因。比如：

“如果大家都能自觉把垃圾扔进垃圾桶，家里就会变得很干净。不仅能避免细菌滋生，预防疾病，还能让人心情愉悦。”

“如果你能把吃的东西带进厨房，妈妈收拾起来就会很轻松啦。”

用以上这样的方式去告诉孩子“让你这么做的理由”。用具体的语言反复传递这些信息，直到父母的话深深印入孩子的脑海。除此之外，父母还要在孩子学会后给予表扬。不断重复这样的操作后，孩子也会觉得这些事是“理所当然”的事情了。

9

对试图胡乱横穿马路的孩子

努力的爸爸

“危险！别跑！你再这么做，
下次就没这么好运了！”

智慧的爸爸

“如果你能一直牵着爸爸的手走到幼儿园，我就给你盖一枚小花印章。”

孩子们可能会因为一时冲动而做出一些危险的行为。

例如，他们可能会突然冲向大马路，或是毫无顾忌地从高处跳下，或是摆弄桌上的打火机，或是吞下小玩具，或是随意扔石头玩耍……

有时，他们也会误伤周围的朋友，比如因为不顺心就给了朋友一拳，或是因为挥舞雨伞而不小心戳到其他孩子的脸……

在非独生子女的家庭里，也时常出现孩子们相互踢打或相互欺压的场景……

总之，养育孩子的过程中难免会遇上各种猝不及防的“险情”。

每到这种时候，父母往往会忍不住斥责孩子：

× “你再这么做，下次就没这么好运了！”

父母在看到孩子的出格行为后感到愤怒，这种心情是完全可以理解的，因为作为成年人的父母具有推断自己的行为会在极端情况下导致什么结果的能力。不过这种对“最糟糕”情况的预测能力，其实是一种基于丰富人生经历的想象力。

那么孩子们呢？他们并没有获得足以预见后果的经验，无论是感到高兴、觉得有趣，还是生气，都只会随心所欲地做出与自己情绪相符的行为。只有拥有丰富的人生经验，才能明白为什么“这样做很危险”。

所以，通过言语和行动，让孩子获得这种“经验”，是为人父母的重要职责。

孩子总喜欢重复危险行为的深层原因

但是，父母在面对孩子的问题行为时，总会忍不住责骂孩子，而非耐心地教育他们。

我们在向其他成年人说明重要的事情时，还会耐心地选择合适的语言，那为何在面对自己的孩子时，却总是忽略了“字斟句酌”呢？这到底是出于什么原因呢？

究其根源，很多父母的心里或许都有着“孩子就应该听父母的话”这种傲慢的想法。

那么，现在就请各位站在孩子的角度来看待这件事。假如你连着好几天被自己父母“电话轰炸”：

“你要再这么做，下次就没这么好运了！”

你会做何感想呢？是不是一听到电话铃声响起，就会忍不住烦躁起来？长此以往，要么被训到萎靡不振，要么被训得激发了叛逆情绪。哪怕知道父母是为什么生气，都很难抑制住突然从心底涌出的负面情绪。

由此可见，当我们试图用威胁性的语言强行向孩子传达信息时，只会让孩子产生强烈的“我被骂了”的负面情绪，反而记不住“不能这么做”的原因。

童年时期，孩子的时间感知较为有限，基本只停留在“昨天”“今天”和“明天”。当然，这与他们尚不完善的记忆力也有密不可分的关系。所以即便孩子信誓旦旦地向父母承诺“我以后绝对不会再做这么危险的事了”，没过多久也会忘光光。这就是为什么我们总说孩子教一遍根本记不住。

不过，这也并不完全是坏事。也正是因为孩子的记忆时间很短，所以一般不会记仇，哪怕被父母骂，很快也会抛诸脑后，下一刻又开始嘻嘻哈哈地和父母玩闹了。

父母通常拥有更多的经验、知识和智慧。所以具备“这么做会导致什么后果”的解释能力，以及跨越时间“预测未来可能会发生什么”的能力。

不仅如此，父母通常还具有用有趣的语言描述事物的能力。例如：

“如果你能一直牵着爸爸的手走到幼儿园，我就给你盖一枚小花印章。”

“路上有很多车，要是不小心撞上了，可是会受重伤的哦。要是你受伤了，爸爸肯定要大哭的。”

运用父母的智慧，用这些充满趣味的语言反复、耐心地教导孩子，一定能引导孩子养成正确的行为习惯。

10

对行为有问题的孩子

✕ 努力的爸爸

“你要是再这样，以后出了社会准没好果子吃！”

○ 智慧的爸爸

“你觉得，那些超级英雄会怎么做？”

随着孩子们逐渐长大，他们终将踏入社会。父母深知社会的复杂与残酷，所以很希望能让孩子学会更多的技能，从而避开危险和麻烦。

但是，如果父母总是把“社会很残酷”这句话挂在嘴边，就无异于是在给孩子传递“社会很可怕”的负面情绪，很可能会让他们萌生“害怕长大”的想法。

对于尚未正式步入社会的孩子来说，社会就是一个未知的世界。更何况即便是成年人，真正熟悉的也不过是自己所处的小圈子、小社会。每个人都属于不同的组织，生活在不同的区域，所能了解到的社会也各有不同。可以说，没有人能够完全了解整个社会。

然而，无论孩子未来步入的是一个怎样的社会，父母在养育过程中给孩子传递的态度——是要战战兢兢地走向“可怕的地方”，还是充满热情地奔向“有趣的地方”，对于孩子未来的适应能力会产生不同的影响。

父母最应该做的，是引导孩子自己下决心：“我要努力变得更好！”

孩子们会通过观察父母来了解“社会”

人类的学习大多基于既有的“经验”。这种基于“经验”的学习，既包括自身的直接经历，也包括通过观察他人的言行获得的间接经验。这种学习方法被称为“模仿学习”

或“观察学习”。

孩子们特别喜欢观察并模仿身边的成年人，比如他们喜欢玩过家家的游戏，其实这就是一种模仿父母言行举止的行为。

通常情况下，孩子们并不是简单地模仿父母的行为或语言，而是通过观察父母的表情和行为来学习社会规则、辨别是非对错，以及能够对危险与否做出判断的能力。

因此，如果父母一脸严肃地告诉孩子“社会很残酷”，那么孩子也会觉得“社会很可怕”。孩子在听到“你要是再这样，以后到了社会准没好果子吃”之类的话后，可能会萌生出恐惧的念头，觉得“我不想长大，社会太可怕了”。

同理，父母大声斥责孩子“不许吼！”，如果态度不好，孩子不仅学不会“不能吼”的道理，反而容易有样学样地养成语气不善的习惯。

毕竟，父母是孩子最好的，也是最有影响力的榜样。

父母可以引导孩子以绘本或动画片中的角色为榜样

孩子的模仿对象，除了父母及身边人，还可以是绘本或动画片中出现的角色。

之前我和一位六年级的美国男孩聊天，他告诉我：“我长大了要当一个英雄。”

美国的动画片和电影常常塑造英勇无畏，历经千辛万苦终于打败恶魔的超级大英雄形象，这样的形象难免会令孩子心向往之。所以，尽管那位美国男孩才上小学六年级，也还是斩钉截铁地告诉我："我长大后会变成一个英雄。所以，我从现在开始就要努力了。"看得出来，那个男孩十分憧憬自己长大后步入社会的模样。

然而在日本，如果一个六年级的孩子大声宣布"我要成为英雄"，通常要被周围的人嘲笑："都多大了，还这么幼稚呢。"

但事实上，许多孩子都非常崇拜动画片和绘本中出现的英雄人物，并希望"长大后也能变成那样"。为此，他们会有意识地模仿那些人物的言行举止。所以，千万不要用打击性的语言来摧毁孩子的梦想。

相反，如果父母能与孩子一起讨论故事情节中的人物言行，例如："这么做也太棒了吧，简直太酷了！"或是："这么做可不对啊。"也有助于孩子对善恶做出更明确的判断。

构建好这一基础后，父母就能在看到孩子出现不妥行为时，用以下说法让孩子产生共鸣：

"你觉得，那些超级英雄也会这么做吗？"
"要是你这么做，可就无法成为酷酷的英雄了哦。"
"这件事，你觉得英雄会怎么做呢？"

通过这些方式，巧妙引导孩子树立正确的价值观和行为准则，陪伴他们更好地成长。

11 对完全不听话的孩子

✕ 努力的妈妈

“要是你不听话，就给我滚出去！”

○ 智慧的妈妈

“今天你做到了自己答应妈妈的事。你可真是个乖孩子！”

一位女性朋友向我倾诉，她在育儿生涯中最后悔的事情之一，便是曾经对自己的孩子怒喝道："要是你不听话，就给我滚出去！"并且真的将孩子赶了出去。

如今回想起来，她自己都想不明白当时为什么会那么生气。或许是因为每天都深陷于工作、照顾孩子和做家务的循环之中，所以在对待孩子时也总是感到十分不耐烦，根本静不下心来和孩子好好说话。但是，她也知道说这种话一定会让孩子感到很受伤。

孩子表现好的时候，会及时表扬吗？

现代育儿理论指出，用诸如"滚出去"等强硬的语言强迫孩子服从的做法属于"心理虐待"。虐待通常分为四种类型——躯体虐待、心理虐待、性虐待和忽视，其中就包含了"心理虐待"。

有些话本身就具备极大的破坏力。例如，对孩子说"滚出去""不疼你了""真没出息""你真烦人""我没有这么坏的孩子"等伤人语言，均被视为心理虐待。

上个世纪的某些父母，特别喜欢对孩子说"你是我在桥下捡来的"之类的话。想必如今的年轻父母们已经不会再说这些故意刺伤孩子心灵的话了，不过也依旧会说出类似的让孩子们觉得伤心、觉得"爸爸妈妈不爱我了"的话。

那么，父母为什么总会忍不住对不听话的孩子发火呢?

父母被气到口不择言，大多是因为孩子惹了麻烦、没有做到承诺的事情，或是该做的事情没有做好。

不过，有时孩子也会用自己的方式来履行对父母的承诺。那么，在孩子表现出色时，父母真的会发现并予以表扬吗？比如对孩子说：

“今天你做到了自己答应妈妈的事。真是太棒了！”

如果孩子发现只要自己努力做好一件事，就能得到最亲近的爸爸妈妈的表扬，那么这就会激励他们更努力地做好下一件事。

然而在实际生活中，许多父母并不会在看到孩子进步时予以表扬，而是选择视而不见。

这种看到进步就视而不见，看到错误就怒吼“给我认真点做”的教育方式会让孩子对自己越来越没信心，觉得“爸爸妈妈不相信我，认为我是个没用的孩子”。

不要低估语言的力量

语言具有强大的力量。

那么，我们该如何正确运用这种力量呢?

父母务必清楚地认识到，语言的力量会对孩子的心理产生极大的影响。

面对日复一日的各种育儿琐事，父母难免会因为烦躁而忍不住发火，而且父母通常也很难做到时刻表扬孩子，或是时刻保持温柔的语气和孩子说话。

不过，只要父母有意识地尽量使用能够提升孩子积极性和自我肯定感的说话方式，在和孩子说话时自然就会以此为标准。

那么父母将来也不会因“刺伤过孩子的心”而后悔不已。

孩子在成长过程中总是以父母为榜样

还有一点需要牢记。那就是我们在上一节中也提过的“父母是孩子最好的、也是最有影响力的榜样”。你有没有发现，其实与孩子们一样，父母也偶尔会做出些屡教不改的行为？

例如，父母总会约束孩子“晚上 10 点后不要再玩手机了”，自己却通宵达旦地捧着手机玩，且不会因此受到任何斥责。也就难怪孩子们会愤愤不平：“还说我呢，你自己 10 点后也不见得会把手机收起来啊。”

父母的言行举止对孩子的成长影响深远，在育儿过程中，“影响”有时大于教育，所以父母需要时刻警醒自己，合理运用语言，做好孩子的榜样，给予孩子更多积极正面的引导。

12 对于凡事都指挥父母去做的孩子

× 努力的爸爸

“自己动手。”“自己能做的事，不要依赖别人。”

〇 智慧的爸爸

“你先自己试试看。如果做不到，我再来帮你一起做。”

在生活中，有一个词叫“请求援助”。

它指的是当人们遇到无法独立解决的问题或烦恼时，向他人寻求帮助的行为。

如今，会主动“请求帮助”的人似乎越来越少了。

虽然并无论文或统计数据对此给出确切论断，但从小就被不断告知“自己动手”“自己能做的事，不要依赖别人”的孩子，长大后可能真的不懂得该如何请求援助。

引导孩子独立主动做事的诀窍

为人父母，大多希望自己的孩子长大后能够坚强独立地完成所有事情，尽量避免处处依赖父母。但是，如果过分苛求这一点，可能会把孩子培养成不会“求助”的人。

不可否认，孩子掌握的技能越多，将来他们步入社会后就越容易适应。但孩子的能力毕竟有限。此外，需要注意的是，每个孩子的能力也各不相同。父母不能想当然地认为，既然邻居的孩子能做到，那我的孩子自然也应该做到。

例如，同样是上小学一年级的孩子，有些人已经会计算乘法了，可也有些人连加减法都还不太熟练。没有孰好孰坏之分，只是理解的速度不同而已。

如果孩子理解能力较差，那就需要父母从旁协助，慢慢提升孩子的理解能力。

只要孩子能获得更多“我懂了”“我自己完成啦”的成功经验，就能提高他们的自信心，让他们觉得“学习真有趣”，并对下一次挑战充满期待。

这种逐步提升孩子能力的方法也可以用于生活习惯的培养。如果孩子能获得更多“我自己完成啦”的喜悦，那么其能力也一定会得到不断拓展。

而其中的一个关键点就在于，父母要对自己孩子目前的能力水平有一个清晰的了解。确定他能够独立完成某些任务后，再为他制定一些踮踮脚就能完成的任务。

接着鼓励孩子独立完成，告诉他："你一定可以做到的！"并在他完成后开心地夸赞他："你看，只要你努力了，就一定能做好！"反之，如果想让孩子做一些超出他们能力范围的事情，就可以这样引导："爸爸会帮助你的，你只要尽力做就可以了。"在给予帮助的同时，鼓励孩子勇敢迎接挑战。

同时培养孩子的自立心与“求助能力”

当孩子要求父母帮忙做那些他们实际上完全能够独立完成的事情时，父母可以这样回应："宝贝，我相信你能做到。你先自己试试看，如果实在不行，爸爸妈妈再来帮助你。"父母应在鼓励孩子自主尝试的同时，明确地告诉孩子“我会帮你的”。

随着孩子年龄的增长，他们面临的问题会越来越复杂，所需的帮助也会更加隐晦，甚至会出现一些父母也无力解决的难题。这时，孩子就需要将目光转向周围的其他人，并学会寻求他们的帮助和指导。因此，在培养孩子自立心的同时，也要同步培养其请求援助的能力。

但是，对于凡事都指挥父母去做的孩子，父母往往会觉得他太过依赖别人。其实孩子通常是因为觉得妈妈很温柔，爸爸几乎有求必应，久而久之就养成了这种习惯。

其实，父母也会偶尔习惯性地要求孩子做某些事情，当父母觉得只要开口，孩子就不会拒绝时，那么一遇到类似的情况，自然就会马上开口要求了。一旦请求被拒绝，父母也会因此感到愤怒和悲伤。

如果父母对孩子说“别总想着依赖父母”，这种情况通常只会让孩子觉得伤心，而难以促使他们暗下决心要更加独立。

换个角度想想，如果我们从孩子口中听到“从今天起，我不再依赖你们，也不会再向你们提任何要求”，我们的心情又会如何呢？是否会感到落寞？

所以，在孩子愿意依赖我们的时候，就多疼爱他们一点吧。但与此同时，也要充分信任孩子的“成长潜力”并给予相应的支持。能够毫无顾忌地依赖父母的孩子，往往也具备较高的自立能力。被依赖的父母也会感到更幸福。

13 对在超市吵着要买东西的孩子

× 努力的妈妈

“咱们家穷，买不起。”

○ 智慧的妈妈

“如果你能忍耐一个星期，我会在星期天奖励你一笔零花钱。”

孩子们往往有着强烈的占有欲，凡是映入眼帘的东西，都想据为己有。

父母带着孩子去趟超市便能深切体会到这一点，在孩子看来，很多东西仿佛闪烁着迷人的光芒。于是孩子就开始不停地央求着父母“给我买玩具吧”“给我买冰激凌吧”“给我买糖果吧”。

其实这种“看到东西就想买”的心理，成年人也未尝不能理解。只不过成年人可以用理智克制自己的购买欲，即便遇到某些“实在太想买了”的东西，也能自己掏钱买下。孩子则不同，他们只能让父母替自己购买，并且由于他们的心智还未成熟，难以控制住自己的购买欲。这才会不停地央求父母“给我买这个吧”“给我买那个吧”。

面对这种情况，父母应该如何应对呢？

为什么不能以“没钱”作为拒绝的理由？

父母这么说，或许是想教会孩子“忍耐”的道理。但是，要尽量避免以下这种说法：

×“咱们家穷，买不起。”

利用这种说辞让孩子忍耐，就会在他们心中埋下一丝模糊的不安。“没钱”听起来比较消极。

孩子对父母的情绪是很敏感的，如果知道真是因为经济拮据而负担不起这些消费，孩子通常也不会再继续“乞讨”下去。因为他也能理解这是“不应该的”。

但如果孩子看到父母不停地往购物车里放东西，自然也会希望爸爸妈妈为自己买点东西。而这时如果父母以“家里穷”为借口予以拒绝，孩子可能就会感到失落，觉得“妈妈给自己买了那么多东西，却一件也不肯给我买”。即便妈妈是在购买全家人的食材，年幼的孩子也很难理解，只会因为“不给我买”而越发觉得“妈妈不爱我了”，并因此而伤心不已。这种伤心累积到一定程度后，孩子就会因为不想再承受这种失落感而停止向父母提出要求。

不过，这真是父母期望的结果吗？

父母要时常思考自己应如何教育孩子，以及要向孩子传授怎样的观念，这样才能避免在不经意间给孩子灌输消极的思想。

孩子会从成功的经历中学会“忍耐”

若想培养孩子的忍耐力，不妨试试以下几种方法。

在孩子尚且年幼时，父母可以在去超市前与孩子沟通“去超市前，我们得先决定今天要买什么”或是事先和孩子约定好具体要买什么，例如“只能买一块糕点哦”。如果孩子遵守约定并克制住了购买欲望，那父母应及时表扬他们：“哇，你太棒了！”多次成功后，孩子便能逐渐学会忍耐。

当孩子对时间和金钱有了一定概念后，父母就可以更进一步引导了。

心理学上有“延迟满足效应”，也被称为“糖果效应”。例如，假设父母承诺孩子，每天允许他花费 50 日元，并补充一句：“如果你能坚持一周不花钱，我就会在周日奖励你 500 日元。”在孩子计算能力还不太强的时候，或许会选择每天花掉 50 日元。

然而，随着知识的增长，孩子会逐渐明白坚持七天能得到更多钱。通过抵制诱惑和延迟满足，孩子就能养成理性克制冲动购物的能力。培养孩子的金钱观念，也是训练其社会能力的重要环节。

孩子的自我主张性和忍耐力，乍看之下似乎相互对立，但其实是各自独立的，可以共同发展。二者之间的差异在于，自我主张性出现得较早，发展速度也较快；忍耐力则出现得较晚，且发展速度较为缓慢。通常，忍耐力强的孩子，一般也更愿意接受父母的建议。只要稍加留意，父母或许就会发现孩子已经在用自己的方式学习忍耐了。即使暂时还未达到父母期待的水平，但至少在不断进步。

想要让孩子同时具备较高的自我主张性和忍耐力，父母首先应理解并接纳孩子的自我主张，继而为他们创造愉快的经历，鼓励他们学会忍耐。

14

对无论提醒多少次，总是在冬天不穿外套就出门的孩子

×

努力的爸爸

“穿好外套，不然会感冒的。我到底要说多少次，你才能听话？”

○

智慧的爸爸

“这么冷的天，你需要点什么呢？叮咚♪你需要一件外套哦！”

在培养孩子的同情心和社交技能方面，最有效的管教方法便是“说明性和指导性管教”。具体而言，就是反复告诉孩子为什么要这样做。

这种方法很考验父母的耐心，因为很难立即见效，需要父母反复告诉孩子同样的道理。但是，如果每次重复同样的话，孩子可能会渐渐对这些话充耳不闻，就如同把父母的话当作背景音乐。

那么这种时候，父母应该怎么做呢？

通过改变语调增加沟通趣味

改变惯常的声音和语调，就是一个非常不错的方法。改变语调，可以有效地改变孩子的想法。即使说的是同一件事，但有时只需改变语调，听起来就会完全不一样。适当增添一些幽默也能提升效果哦。

就以我最近去牙科诊所的经历为例。当齿科卫生士[1]用可爱的语调温柔地对我说“如果你能把后槽牙刷得再仔细一点就更好了哦”后，我马上就愉快地答道：“好的，我会好好刷的！”

同样，在上文所述的孩子在超市要求父母给他买糕点的例子中，如果父母能用一种温柔可爱的语调告诉孩子：

1　齿科卫生士：根据1948年日本制定的《齿科卫生士法》，具备从事口腔疾病预防、卫生保健、疾病辅助诊疗等口腔卫生服务工作的专业人员。

“可是昨天才买的呀，所以要下次再买喽。”也许孩子就会答应：“嗯，那就下次好了。”

相反，如果凶巴巴地朝孩子吼道“今天不行！”“你怎么天天要这个要那个的”，孩子可能就会继续不依不饶地问：“为什么不行？”“那什么时候才能给我买？”

孩子不听话，也许是因为父母没有解释清楚

孩子对于健康、清洁和卫生的认知相对匮乏。

因此，父母需要反复叮嘱孩子“天气冷的时候，出门要穿外套”“用过的物品要放回去”“到家后要马上洗手漱口”“饭前要洗手”，等等。

但如果父母反复强调也不见孩子主动执行，那有可能是因为这些事在孩子看来没有必要做。

换句话说，是父母没有解释清楚原因。

那么，面对这种情况该怎么办呢？

例如，父母觉得天气很冷，孩子应该要穿外套，但孩子往往宁愿冒着寒风也要“快点出去玩”。当然也有可能是他们并不觉得冷。这种时候，父母可以采用寓教于乐的方式，通过猜谜的形式说明理由，例如：

“这么冷的天，你想想需要点什么呢？
叮咚♪对了，你需要一件外套哦！”

“那么为什么你需要外套呢?

答对了!

因为要是着凉了，你可就会感冒哦。”

简单来说，就是用孩子能够理解的方式告诉他们为什么需要穿外套。

每个孩子都渴望得到父母的认可和表扬。如果父母在听到孩子给出正确答案后，开心地回应:“答对了!”那么孩子一定会觉得非常开心。用科学的方式告诉孩子健康、清洁和卫生的重要性，不仅可以让父母从反复命令孩子的恶性循环中脱身，还能有效地提升孩子的认知能力。

孩子表现好的时候，一定要给予表扬

不仅如此，作为父母，还应积极看到孩子表现好的那一面，并及时表扬孩子。即便孩子没有做到，也不要过分指责。如果父母看到孩子准备不穿外套直接出门时，只需把外套递给他，并告诉他:“今天很冷，你要穿件外套。这样就不会感冒了哦。”这就足够了。对于看不见摸不着的病毒和细菌，孩子其实并无太多认知。因此，无论是学校还是家庭，都应该试着努力去向他们传授更多知识，让孩子在这方面有更清晰的认知。

15 对坐姿粗鲁的女儿

✕ 努力的妈妈

“你是个女孩，怎么能这么粗鲁！”

○ 智慧的妈妈

“妈妈觉得你坐着的时候，并拢双腿比较好看。”

我们生活在一个“多元化时代”。“女孩就该有个女孩样”“男孩就该像个男孩”的观念，已经被视为差别化对待性别的陈旧价值观。

别再说“你是个女孩啊”或“你是个男孩啊”了

就拿妈妈提醒女儿坐姿这件事来说，即使妈妈的初衷只是为了提醒女儿坐下时不要大张着腿，但一旦加上“你是个女孩啊”之类的字眼，就相当于给孩子灌输了一种“女孩就该遵循特定行为模式”的差异化思想。其实父母真正想要传达的主要信息是“应双腿合拢，保持优雅的坐姿”，大可不必加上那句“你是个女孩啊”。

毕竟就算是个男孩，大张着双腿的坐姿也同样算不得好看。那些坐在电车上大张着双腿的人，无论男女，都容易给人留下不好的印象。所以行为是否不雅或令人感到反感，与性别并无关系。

如今，我们可以购买到形状和颜色多种多样的书包，孩子们也可以根据自己的喜好进行选择。过去，书包的颜色选择往往局限于“男黑女红”，现在的书包则越发注重满足消费者多样化的需求。

不仅如此，在初高中阶段允许女生自主选择裙装或裤装的学校数量也在不断增加。有些妈妈不免担心“我女儿说她更喜欢裤装……”其实父母无须过于在意这些，尊重孩子的喜好，让他们自由选择就好。

对于孩子的人生而言，最重要的是要学会如何表达真实的自我，而非“应该像个女孩”或“应该像个男孩”。

孩子的性别意识是何时出现的？

那么，孩子是从什么时候开始出现“我是女孩”或“我是男孩”的意识的呢？发展心理学认为，孩子在三岁以后就能区分自己是男性还是女性了，并明白自己属于哪一种（性同一性）。

进入下一阶段时，他们又会明白自己的性别在成年后不会改变（性别稳定性），并在五岁左右进一步认识到自己的性别不会因为更换衣服或改变行为而不同（性别一致性）。

然而，也有部分孩子从小就不认同自己的生理性别（性征）。这里需要明确，男女两性在生物学上的差异被称为“性征”，在社会、文化方面的差异则被称为“性别”。

那么，孩子是如何意识到“女性特征”或“男性特征”的呢？一般认为，孩子关于性格特征的认识是在家庭生活、托儿所和幼儿园中逐渐获得的。同时，电视节目、玩具和儿歌也可能对他们的性别认知产生重要影响。

在这一过程中，孩子很容易在不知不觉中受到传统价值观的影响，例如“做家务和照顾孩子是女性的职责，而男性应承担养家和保护家人的责任”。

父母应如何帮助孩子摆脱性别刻板印象的束缚

现实中，许多人都被这种刻板印象所缚，被迫扮演自己不愿意成为的角色。

换句话说，如果从小就向孩子灌输“女性该做什么”和“男性该做什么”的价值观，很可能就剥夺了孩子们决定未来如何生活以及表达自我的自由。

若想避免此类问题，父母首先要摒弃性别刻板印象，将关注点聚焦于孩子自身的特点。

例如，孩子摔倒或与朋友吵架后，父母若总是说“你是男孩子，不能哭哦”，那么他就会时刻提醒自己“我是男孩子”，长大后往往就容易成为一个不敢轻易表露情绪、压抑哭泣的人。而其中的一些人，可能会因此产生抑郁情绪，承受较大的精神压力。

与此相对，有些女孩则是从小就被父母要求穿粉色衣服或是带有蕾丝边的衣服，她们中有些人或许会感到十分不适和局促。

事实上，当今社会更需要的是能够不受性别角色观念束缚、充分发挥个性、自主工作与生活的人。这类人通常被称作“无性别”个体。父母应顺应时代发展，帮助孩子摆脱性别刻板印象的枷锁，让他们自由成长，绽放独特的光芒。

弥生老师的心理健康咨询室

如何制造感知幸福的传感器

每个父母都希望自己的孩子“一辈子幸福快乐”。

那么，这种“幸福”和“快乐”又是从何而来呢？

仔细想想我们平凡的日常，或许每个人都在心中的某个角落寻找着那只象征幸福的青鸟，并且渴望过上安稳、快乐、幸福的人生。

这只幸福的青鸟可能在遥远的未来，也可能就在此刻，就在身边，我们却总是在迷茫中寻找。

然而，无论寻找幸福之旅最终通向何方，都别忘了一件事，那就是一定要拥有一个能让自己觉得“我现在很幸福”的传感器。如果没有这个传感器，那么任你再努力寻找，也永远感知不到“幸福”。

换句话说，父母如果希望孩子“一辈子幸福快乐”，那就要先为孩子带上能够感知“幸福”的传感器。终有一天，孩子会变得独立，学会寻找属于自己的“幸福青鸟”。等到那时，孩子看待生活的方式会因为是否拥有这个传感器而大不相同。

那么，父母该如何为孩子提供帮助呢？

首先，在日常生活中，努力为孩子创造更多能让他们感到安稳、幸福和快乐的时刻。

其次，当父母自身觉得“好幸福”时，不妨坦诚地向孩子表达“我觉得现在好幸福”。

例如，在享用一顿美味的晚餐时、在阖家团圆时、在与孩子一起散步时、在与家人一起躺在公园的草地上时、在与孩子有说有笑地一起看电视时、在结束一天工作后钻进软乎乎的被窝里时……

在平凡的日常生活中，总有一些让我们感觉到“好幸福啊”的瞬间。幸福并非总是蕴藏于伟大的梦想中，更多的时候，它就藏匿在这些平凡日子的点滴中。

当孩子身处这样的时刻，听到父母说“我很幸福”，孩子就会逐渐明白，此刻的安稳平和就是“幸福”的感觉。

感知幸福的传感器就是在这日复一日的生活中被不断打磨、锤炼而成的。

第2章

让清晨从此不再烦躁！用语言鼓励孩子自觉行动

16

对早上起不来的孩子

✕ 努力的妈妈

“快点起来啊！”

○ 智慧的妈妈

“这是个特别的早上，妈妈为你准备了你最爱吃的东西哦！”

谈及如何养育孩子，想必很多人都会以“我父母对我的教育方式”为参照。可大家似乎又都不约而同地忽略了自己小时候“做不到”的事情。

不妨仔细想想，为人父母后，是不是说了许多自己小时候觉得“讨厌”的话，也做了许多自己小时候觉得“讨厌”的事。也会在孩子达不到自己的要求时总是生气地指责他们，却忘了自己小时候也一样不能做好。

其实，若想促进孩子的心理发展，父母更应该参考“小时候的自己没做好时的感受”。认真回忆这些经历，就能明白该怎么说才能引起孩子的共鸣。

回忆童年：理解孩子的清晨情绪

一日之计在于晨，早晨的心情往往会影响我们一整天。无论是上小学还是幼儿园，出发前的心情都十分重要。如果孩子还在睡梦中就被父母大声吼道：“快点起来啊！”那么往往就会在消极的情绪中开启新的一天。

来，让我们一起来回想一下自己小时候的情景。

清晨被妈妈烦躁愤怒的声音吵醒时，你心里想的是什么呢？或许是：

“能不能别一大早就发火……”

“要是妈妈温柔点叫醒我就好了……”

对吧?

那么，早上起不来的原因是什么呢?

“被窝太舒服了”“好困啊”等。其实我们并非有意偷懒，也没有故意反抗父母的意思。孩子们也知道自己必须起床。但或许只是因为他们还没找到一个比躺在温暖的被窝里更“诱人”的起床理由。

然而不少父母只会用简单的“快点起床”来叫醒孩子，却没有教会他们如何愉悦地醒来。跳过“教导”这一重要步骤，唯独看到“孩子没有自己起床”这一消极结果。

该对早上起不来的孩子说些什么

那么，对于早上起不来的孩子，父母应该怎么说呢?

最重要的一点在于：切勿急躁。在此基础上，充分运用成年人的智慧，用巧妙的方法唤醒孩子。

例如，提高声调，打开窗户，将清晨的阳光和新鲜的空气迎入房间里，再用愉悦的声音对孩子说：“早上好！这真是一个美好的清晨。”

同样是掀开孩子的被子，父母怒吼“快点起床”和温柔地说“虽然你睡觉的样子也很可爱，不过我现在更想看你睁开眼睛的样子哦”，给孩子的感受截然不同。

此外，也可以为孩子准备一样他们最喜欢的早餐，在叫醒他的时候就可以说：“这是个特别的早上，妈妈为你准备了你最爱吃的东西哦！”

如果是非独生子女家庭，还可以对孩子们说：“妈妈准备了各种美味的面包！先起来的宝贝可以先挑哦！”这样，孩子们就会争先恐后地爬起来了。

对于小学低年级的孩子，他们通常很喜欢和父母嬉闹，这时父母就可以说：“我要开始炒酸奶了哦，把宝贝当酸奶炒来炒去”然后把孩子翻过来翻过去，他就会笑嘻嘻地慢慢醒来了。

通过反复引导，帮助孩子养成“早上按时起床”的生活习惯。

但是，若孩子怎么都不肯起来，父母偶尔也要狠下心告诉自己：“这是他自己的事。起不来就得承担后果。”

17

对起床后不打招呼的孩子

✕ 努力的妈妈

“你怎么不打招呼？早上醒来后，不是应该大声说一句‘早上好’吗？”

○ 智慧的妈妈

“宝贝，早上好啊！你今天看起来也很可爱哦！”

如果父母强迫，打招呼就成了一件累赘的事

打招呼，作为人际交往的起点，有着重要的意义。

一个能笑着与人打招呼的人，通常会给他人留下很好的印象。反之，不会主动打招呼的人也常常会给人留下不好的印象。

的确，这是社会上的普遍认知之一。但孩子很难像成年人那般深刻理解打招呼的重要性。想象一下，孩子清晨好不容易揉着双眼，挣扎着起床，马上就被父母教训："你怎么不打招呼？早上醒来后，不是应该大声说一句'早上好'吗？"这会让孩子顿时感到很沮丧。

若每天早上都重复这个场景，孩子的内心会出现什么变化呢？

打招呼本应是开启愉快沟通的第一步，但在孩子心里，却成了一件"哪怕不情愿、不开心也不得不做的事情"。

与此类似的还有，如果孩子不回答，父母就追问："怎么不回答？"如果孩子接受别人帮助不说谢谢，父母就会问他："怎么不说谢谢？"如果孩子做了错事，父母便指责："怎么不道歉？"

但是，如果父母们不停地重复这些话，反而无法对孩子正确表达出真实的想法。

即便孩子听从要求说了这些话，也并非出于内心意愿，而是单纯为了让父母停止唠叨。

父母要率先做出“示范”

我在给大学生讲授发展心理学时发现，并非所有学生都能热情地和我打招呼或积极回答问题。

其实，生活中不妨仔细观察一下，父母自己在家里时是否也会不打招呼或不回答呢?

例如，当妈妈对爸爸说“路上慢点，早点回来”时，爸爸可能只是随口“嗯”了一句；爸爸回家时，忙着做晚饭的妈妈可能忘了说“你回来啦”；孩子帮忙后，妈妈没有说一句“谢谢”；爸爸做错事也没有说“对不起”……

孩子看到这些，难免会心生疑惑：“大人也不打招呼啊，为什么非要我说呢?”

想让孩子养成良好的行为习惯，父母就应以身作则，用实际行动告诉孩子该怎么做，然后不断重复，直到孩子能够自然而然地做到为止。这才是引导孩子的最佳方式。例如，如果想让孩子早上开心地和自己打招呼，那么爸爸妈妈就应该先用欢快、温柔的语气对孩子说：“宝贝，早上好！”还可以加上几句充满活力的话语，例如：

“今天的天气可真好啊！”

“这件衣服是你自己挑的吧？真好看！”

如果孩子也有回应，千万不要忽略，要及时夸赞：“宝贝也会打招呼了，真棒！妈妈好开心。”

反之，如果孩子不打招呼，可以对他说：“如果妈妈能听到宝贝说‘早上好’，一定会很高兴哦！”不要愤怒，要尽量用幽默的语气说出来。一个可爱的妈妈 / 爸爸会让家中的气氛变得更好。

如果父母对待这件事过于认真，每次都要严厉地提醒孩子“要打招呼”或“要回答我”，往往会让孩子变得越来越叛逆。

人一旦愤怒，往往就会产生逆反心理，这是正常的心理变化。尤其是刚刚进入青春期的小学高年级孩子，很容易便生出“我再也不会跟你说早上好了”的强烈逆反情绪。

另外，当父母对孩子怒吼“快点起来啊”的时候，其实并不完全是在责备孩子，更多时候是在发泄自身的焦虑。

那么，对于父母来说，想要迎接美好的早晨，学会如何应对自己的压力就很重要了。

18 对早上总是拖拖拉拉的孩子

✕ 努力的妈妈

“穿个衣服而已，你到底要穿多久？快点啊！”

“要迟到了！”

○ 智慧的妈妈

“只要我们能在十分钟内做好准备，就来得及上学啦。”

“如果你迟到了，老师肯定会担心‘某某同学今天怎么还没来啊？’”

× "快点啊！"

这恐怕是爸爸妈妈们每天早上都会挂在嘴边的话吧。

想象一下，要是有人跟在你屁股后面不停地催"快点啊"，你会是什么感觉？如果是我，肯定会急得手忙脚乱，出门时大概率还会丢三落四。

对于时间观念还不成熟的孩子而言，一味地被催促"快点，快点"，往往会让他们更加不知所措。即使在父母看来，孩子依旧拖拖拉拉的，但其实他们的内心或许早已充满急躁与困惑，不知道接下来该如何是好了。

▬ 如何培养孩子的"安排能力"

能否在起床后顺利完成例行工作的关键在于具备安排能力。而这种安排能力，也是父母需要教会孩子的一项重要技能。

哪怕只是简单的穿衣服，也需要做好安排。例如，如果你的孩子还在上幼儿园，那么你帮他穿衣服的最终目标应该是让他学会自己动手穿好衣服。

不过，这也不是"教一遍就能自己做"的事情，我们必须帮助孩子反复练习，直到他们能真正自己独立做到为止。例如在指导孩子穿衣服的时候说："先穿上衣，再穿裤子。最后穿袜子。穿好了！真棒！"

如果父母只是简单粗暴地说“穿快点”，或是直接包办，一件一件地替他穿好，那么孩子很难学会该如何安排好“自己穿衣服”这件事。

父母要怎么告诉孩子“为什么不能迟到”呢？

“你要迟到了”——这是一种很容易让孩子产生焦虑的消极说法。

若想换成积极的说法，可以这样表达：“只要我们能在十分钟内做好准备，就来得及上学啦。”这样就可以客观地让孩子明白自己还剩多少准备时间。

与此同时，父母也应具体、明确地告诉孩子“为什么不能迟到”。

对于迟到这件事，不同的人有着不同的见解。许多人认为遵守时间是一项社会规则，违反规则者会失去他人的信任。

但我们很难让孩子理解这一点。所以为了让年幼的孩子也能轻而易举地听懂，我们可以换一种说法：

“如果你迟到了，老师肯定会担心‘某某同学今天怎么还没来啊？’”

“你的好朋友会想你的，肯定会问‘某某同学今天怎么还不来啊？’”

无论你是不停地催促孩子“快点”“要迟到了”，还是用积极的语言鼓励孩子“只要我们能在十分钟内做好准备，就来得及上学啦”，都不会让孩子立刻出现变化。但是，每天重复哪种说法，决定了会在孩子心中留下哪种关于“守时”和“不能迟到”的印记。

同时也要告诉孩子“迟到也没什么大不了的”

如果孩子每天早上都会被父母斥责“快点啊”“要迟到了”，那么他通常就会变得非常讨厌早上，这也会成为他早上起不来的一个原因。除此之外，孩子也有可能因此生出逆反心理，觉得自己“为什么就不能迟到了”。

更为严重的是，孩子可能会因此患上“时间恐惧症”。将来只要一遇到可能会迟到的情况就退缩和恐惧，直接打起退堂鼓，觉得“不想去了”。

每个人都有可能面临迟到以及其他无法遵守约定的情况。如果迟到了，那就告诉孩子“只要好好说声‘对不起’就可以了。老师也一定会原谅你的”。

教会孩子如何道歉，与教导他们“不要迟到”同样重要。

19

对总是把衣服穿反的孩子

✕ 努力的妈妈

“你这身衣服也太奇怪了吧。这怎么能穿出门？赶紧换了去。”

○ 智慧的妈妈

“哦，原来宝贝喜欢这样的衣服呀。嗯，很特别呢！”

对孩子挑选的衣服予以肯定，会提升其自我肯定感

如果让年幼的孩子自己挑衣服，他们很可能会穿得不伦不类。比如上下衣服的颜色或形状不搭，或是穿出了两种季节。

很多父母会觉得让孩子穿成这样出门实在有些丢人，但如果直接对孩子说：“你这身衣服也太奇怪了吧。要不换一身？”无异于给难得自己选一次衣服的孩子浇了一盆凉水。

“我想穿这件衣服”是孩子自我主张的典型体现之一。如果是可能影响孩子安全或健康的问题，那我们自然必须及时制止，除此之外的事情，就尽量放手让孩子按自己的想法去做，并尽量认同他的选择，这样才能逐渐提升孩子的自我肯定感。

孩子的自我主张是心理健康发展的重要因素，这并非“任性”。一旦父母将其视为“任性”并试图让孩子服从自己的想法，孩子通常就会以发脾气来表示不满：“妈妈为什么要反对我！”

所以哪怕孩子的衣服穿法有些奇怪，父母也要豁达地接受，称赞“这么穿真特别”，并笑着对孩子表示认可：“哦，原来宝贝喜欢这样的衣服呀。嗯，很特别呢！”

但是，如果基于时间（Time）、地点（Place）和场合（Occasion）的考虑而不得不让孩子换一套衣服，那

就尽量使用孩子能理解的语言告诉他们原因，而不是否定他们的选择。比如可以这么说：

“那套衣服也很漂亮，不过我们今天要去一个很特别的地方，所以妈妈想看看宝贝穿这套衣服的样子。如果宝贝不穿，妈妈可就穿啦。”

孩子有时会喜欢故意跟大人反着来，所以听到这句话后，可能会马上回答：“什么？你要穿，那我也要穿！还是我穿吧！”

说话时，父母一定要注意声调。孩子很敏锐，可能会从父母的声调中捕捉信息。

如果父母用更高、更亮、更愉悦的声调说出希望孩子选择的那个答案，或许孩子就真的会选择那一个。

孩子的自我主张从会说“不”开始

孩子在两岁或三岁左右就开始拥有自己的想法。进入这个阶段，孩子可能会对父母提出的要求连声说“不”，如果父母想要帮忙，他还会奶凶奶凶地发火道：“我自己来！”

外出时，孩子也总是突然就赖在地上哭闹，这种不受控制的事情几乎每天都会发生。

这个时期的孩子总是特别爱发脾气，所以我们一般将这一时期称为“执拗期”，心理学上也称为“第一逆反期”。

那么，为什么说孩子的自我主张是从会说“不”开始的呢？

因为就是在这个时候，孩子的自我意识正在萌芽，变得越来越独立。

“执拗期”就是孩子的“想要期”

不过，孩子“要自己做”的想法和实际“能自己做”的能力之间，还存在着很大的差距。于是，父母就要追在后面帮忙、把控。结果孩子又会觉得，我明明想自己做，怎么爸爸妈妈就是不让呢？

但这一时期的孩子还无法用语言清晰表达自己的想法，也不懂得调整或转换自己的情绪。只能通过发脾气等行为表达自己的不满。生气、哭泣或吵闹等行为，都是孩子表达自己想法的方式。

换句话说，所谓的“执拗期”，如果从孩子的角度来看，其实就是“想要期”。只是因为这个时期的孩子老是把“不”挂在嘴边，所以才被称作“执拗期”。

那么，为什么孩子会先记住否定词汇呢？其原因尚不清楚。有趣的是，全世界的孩子都在这个阶段开始使用否定词汇。到了这个时期，美国孩子会说：“No！”法国孩子会说：“Non！”德国孩子会说：“Nein！”很显然，“执拗期”是全世界儿童都会经历的成长阶段。

超棒的风格

ジャ～ン
看看～
哇哦！今天是动漫风。
这风格太棒了，这是你自己选的……
嘻嘻

这衣服真不错，很有个性哦！
ぐっ

自我肯定感UP！！
哇哦！

弥生老师的心理健康咨询室

执拗期的叛逆是心理发展顺利的标志

两三岁孩子经历的“第一逆反期”，不仅被称为“执拗期”，也因特别难缠而得了个“两岁小恶魔”的称号。

或许有些家长正苦于自家孩子恰好处于“执拗期”，也有些家长已经顺利度过了自家孩子的“执拗期”，但每每回忆起来，或许依旧会觉得“那段时间怎么就那么难熬啊”。

处于这个时期的孩子，面对父母的要求，很容易一边大喊着“不”，一边号啕大哭，这常常让父母身心俱疲。

不过，与进入青春期后总喜欢反抗父母的“第二逆反期”不同，“执拗期”的逆反并非针对父母，它只是孩子自我心理发展顺利的一种体现。

在这个时期，孩子的内心通常已经出现了诸如“我要自己做”“我要自己决定”“我要这样”之类的自发的、积极的思想，只不过还无法用语言清晰表达，所以只能用一个简单的“不”字来表达。

这个时期的孩子喜欢说“不”并不是单纯为了拒绝父母，而只是他们心理健康发展的一种体现罢了，所以父母完全无须担心，觉得“孩子怎么这么不听话呢”。

实际生活中，许多父母可能会担心：自己家的孩子说

“不”的频率实在太高了，长大以后是不是会比别的孩子更叛逆呢？

但其实，“经历不顺心的事情”→“表达自己的不满”→“观察对方在这个过程中的反应”，这一系列经历对于儿童心理的健康发展而言极为重要。

所以父母要明白“能够自我主张是孩子成长的标志”，在此基础上询问孩子“你是想这样做吗”，只要没有安全隐患，就大胆地让孩子尝试吧，父母只要在一旁稍加帮助即可。这样一来，孩子就能慢慢积累“我自己做到了”的成功经验。

如果孩子自己做了，却因为没做好而发脾气，那家长可以把孩子抱到其他地方去，转移他们的注意力即可。

等到孩子三岁以后，能用语言表达自己的想法时，就意味着他们要从“执拗期”顺利毕业了。

20 对欺骗父母却被识破的孩子

✕ 努力的妈妈

“你昨晚说已经收拾好书包了。其实是骗我的对吗？”

○ 智慧的妈妈

备忘录

- 写作业
- 削铅笔
- 把书本放进书包
- 换条手帕
- 把水杯拿到厨房里

创建“待办事项清单”。
晚上，对孩子说：
“一起核对清单吧！”

妈妈："早上起来会很匆忙，所以我们今晚就先收拾好吧！"

孩子："嗯，好的。"

妈妈："明天上学的东西都准备好了吗？"

孩子："都准备好了。"

往往都是晚上说得好好的，可一到了早上，熟悉的慌乱场景再次上演："笔盒不见了！我都找遍了。妈妈，是你收起来了吗？"

每每这种时候，父母总会忍不住斥责：

"我昨晚就问过你是不是收拾好书包了。你说收拾好了，其实是骗我的对吗？"

因为在父母看来，听到孩子回答"都准备好了"后就放心了，所以当发现孩子实际上并没有做好准备时，父母就会觉得孩子是在欺骗自己。

明明很快就会暴露，为什么孩子还是会撒谎呢？

日常生活中这类事情时有发生。刚进家门的孩子被问到"你洗手、漱口了吗"时，会马上回答"嗯，洗了"；饭前被问到"洗手了吗"时，会马上回答"洗过了"；晚饭后被问到"刷牙了吗"时，会马上回答"刷过了"。

孩子们明明没做，却回答“做了”。于是父母就会忍不住指责道：“你怎么能骗人呢！”

事实上，在孩子的认知里，这并不是在撒谎。当孩子被问“做了吗”这种用过去式提出的问题时，他会不假思索地回答“我做了”。

例如，当一个孩子问另一个孩子“你去过游乐园吗”时，即便没去过，另一个孩子也会马上回答“去过啊”。孩子有时会因为想去，而不假思索地做出肯定的回答。

也就是说，如果孩子明明没做，却回答“做了”，往往是因为他们“其实想做这件事”。

如果将孩子的这些想法简单定义为“谎言”，那么孩子便会陷入困境。因为他们不知道“撒谎”后，会遭受父母怎样严厉的责骂。

“善意的谎言”是孩子成长的标志

大部分人对“被骗”这件事极其敏感。但与此同时，父母又努力地在教孩子一些社会规则，例如“哪些情绪可以表达出来，哪些情绪必须隐藏起来”，等等。举个例子，如果收到别人的礼物，哪怕不太喜欢，也要“开心地说‘谢谢’”。这被称为“社交表达规则（Social Display Rules）”。这是一种无关实际感受，单纯告诉人们“这种情况下，应该做出什么样的神情和态度”的社会潜规则。

就像妈妈做的早餐不好吃，当她问“好吃吗”的时候，我们通常也只能回答“好吃”。因为实话实说“不好吃”就可能让自己最爱的妈妈失望，甚至生气。

特别是进入儿童期后，孩子开始慢慢学会体谅他人，也开始思考自己的情绪会对他人产生什么影响。进而开始表现出与自己真实情绪并不相同的“照顾到他人心情的情绪”。

这些照顾他人心情的谎言被称为“善意的谎言”。孩子在成长过程中会慢慢学会这些。若将这种照顾他人心情的表现直接称为“欺骗”，会让孩子觉得很受伤。

“说谎”这一行为，背后是一系列心理发展现象的体现。

当父母问孩子“你准备好明天上学的东西了吗”的时候，最重要的是留意孩子当时在做着什么。如果他正在看电视或玩游戏，听到父母的这句话后肯定会觉得很不耐烦，心想“我过会儿再做不就行了”，于是便索性回答“做完了”。结果，他玩着玩着就把这件事抛诸脑后了。

想要彻底解决这个问题，就不要站在“不能撒谎”等道德层面上责骂孩子，应与他们一起制定一份“晚上待办事项清单”，并陪着孩子一起检查，帮助他们养成查漏补缺的好习惯。初期的陪伴可能会让你觉得很麻烦，但只要孩子养成了这个习惯，就能让他们独自准备第二天所需的东西了。这样一来，父母也省心不少。

21 对总是学不会自己收拾东西的孩子

✕ **努力的妈妈**

“为什么会落东西？还不是因为你不好好整理。”

○ **智慧的妈妈**

“你觉得，我们应该怎么做，才能避免再忘带东西呢？”

有些孩子，总是在听到“好了，出发吧”的时候突然冒出“忘带这个”“忘带那个”的话。

其实这种情况并不仅限于儿童，在成年人身上也时有发生。我自己也经常这样。

不好好管理物品，就难免会出现忘这忘那的情况。一旦在出门后才发现自己忘带了重要的东西，这一整天的心情都会受影响。

那么，为什么有的人总是丢三落四呢？

或许，他们也知道“要尽量不忘东西”，但又总会在做外出准备的时候被其他事情分心。

他们可能会在收拾东西的时候想一些完全无关的事情，例如“到学校后我得做那个”“我要问老师那个问题”“课间休息时间能不能玩个捉迷藏啊”，这就导致他们难以集中注意力去整理物品。

因此，当听到孩子在出门后说“忘带这个”“忘带那个”时，单纯地指责他“为什么会落东西？还不是因为你不好好整理”，通常不会有什么效果。

我们更应该做的，是引导他们学会自己思考解决方法，比如问孩子：

“你觉得，我们应该怎么做，才能避免明天再忘带东西呢？”

于是，孩子可能会这样回答：

“先收拾好东西。”

像以上这样，父母不是直接说出答案，而是巧妙引导孩子自己思考办法。

如果父母直接说出答案，就相当于在削弱孩子的“自主意识”

孩子的干劲来自“自主意识”，他们渴望自己决定事情。然而，父母又总喜欢直接说出答案。例如，孩子在放学时可能会暗下决心：“我一定不能再忘东西了。以后一回家就收拾房间！”但如果父母一看到孩子就说：

“你看看今天早上，找了半天的课本，以后可不能再这样了。房间里乱七八糟的，当然什么都找不到啊。今天就给我好好收拾。”

这可能会让孩子觉得“我不就是这么打算的吗”并一下子失去了干劲。由此可见，父母直接说出答案，会在一定程度上削弱孩子的“自主意识”。

不会收拾的孩子的心理状态

很多父母只是单纯告诉孩子“收拾”，却没有告诉他们具体该如何收拾。

不会收拾的孩子，通常是出于以下三种心理。

第一，“不了解收拾东西的好处”。对于一些孩子来说，他们觉得把东西放在外面更方便，想用的时候就可以随手拿起来用了。杂乱无章的房间在他们眼中没什么不好。

但实际上，如果东西散落在各处，不仅找起东西来很困难，还容易因为踩到物品或被东西绊倒而受伤。所以父母要向孩子详细说明这一点：

“如果房间里乱糟糟的，你就很容易被绊倒或者踩到东西。那些东西就像找不到家的可怜孩子，而且你想用的时候也会找不到它们啊。”

第二，“不知道该如何收拾”。这就需要父母耐心地教会他们该如何整理才能方便拿取，该如何判断哪些是已经不需要的东西了。

第三，觉得“收拾房间很无聊”。孩子喜欢玩耍，对于烦琐枯燥的收拾工作自然提不起兴趣。所以，父母可以想办法让收拾这件事变得更有趣味。

比如像运动会中的“投球入篮”比赛一样，收拾球也可以成为孩子们竞相争夺的比赛。那么，我们也可以将收拾物品设计成“亲子比赛”，激发孩子的兴趣和积极性。

22 对出门时总是忘带书包的孩子

✕ 努力的妈妈

“你打算去学校做什么？
你是笨蛋吗？”

○ 智慧的妈妈

“你忘带书包了，是它太大了，
所以你忘了把它列入准备物品清
单了吗（笑）？”

努力的妈妈们总说“早上就像打仗似的”。

一边忙着家务，一边还要催促孩子吃早饭，看着孩子准备上学的东西，饭后还要收拾桌子、洗碗……忙得焦头烂额之际，还要应对孩子打翻牛奶、打碎盘子等突发事件……短时间内各种事情应接不暇。

好不容易熬到孩子出门，一句“我走了”话音刚落，结果发现人是出门了，可那些颜料盒、水壶等东西还原封不动地放在门口呢。

妈妈们对此非常无奈：“啊，我又得给孩子把东西送过去了！”日常生活中，这些事情时有发生。

父母的语言是孩子的行为标尺

曾有一位前来咨询的妈妈向我倾诉，她一看到孩子忘带书包就会忍不住说：“你打算去学校做什么？你是笨蛋吗？”

人在着急的时候往往会口不择言。但是，有些词语还是应该尽量避免使用，例如“笨蛋”。

对于孩子来说，父母是最好且最有影响力的榜样。即便父母只是无心地说了一句“笨蛋”，孩子也会认为既然爸爸妈妈都说了，那这就是个“可以说的词”。于是他们将来可能也会对着朋友喊“笨蛋”。到时候，如果父母斥责孩子“怎么能说别人是笨蛋”，孩子肯定会觉得很委屈：“妈妈不是也说过这个词吗？”

欺凌是一个严峻的社会问题。只要对方感到“被欺凌了”，那这种行为就属于欺凌范畴。

“笨蛋”是一个非常伤人的负面词。如果父母经常对孩子说一些负面的话，这些话要么会刺伤孩子的心，要么就会被孩子当成背景音乐，左耳进右耳出。

但无论是哪种结果，都起不到正确引导孩子的效果，反而会起到反作用——孩子会理所当然地说别人是“笨蛋”，且不会产生丝毫愧疚感。

换而言之，父母使用不当的词语，很可能就会在孩子心中种下“霸凌”的种子。

如何控制媒体带来的负面影响？

但有些时候，即使父母很注意自己的言辞，也避免不了孩子口中冒出“笨蛋”“白痴”“去死”之类的话，甚至避免不了他们会动手打别人的头。

这时就要考虑媒体对孩子的影响了。动画片和喜剧节目中，经常会出现一些暴力性的语言或行为。在孩子明白“我不能这样对待别人”之前，应尽可能让他们远离这些内容。

如果孩子非要看，那就陪着他们一起看吧。当看到这类不良情节的时候，要告诉孩子“头被人打可是很疼的哦”“别看那个人被人骂笨蛋还笑嘻嘻的，其实他内心肯定也不好受”。

许多媒体宣称“孩子们都很聪明，会分辨善恶，不会模仿不好的行为”，但现实中模仿不良行为的孩子不在少数。当然，孩子们也会通过媒体学到许多有用的东西，所以父母应引导孩子正确使用媒体，给予正确的语言引导。

以温和幽默的方式引导孩子

那么，上文中的那位妈妈在发现孩子忘带书包时，应该怎么表达呢？不妨试试这样说：

“你忘带书包了，是它太大了，所以你忘了把它列入准备物品清单了吗？”

我觉得，可以用这种幽默、豁达的方式提醒孩子注意。父母无须过分担心“我家孩子是不是有问题”，只管“哈哈哈”地和孩子一起笑就好了。

父母豁达地接受“这种情况偶尔也会发生”，接着笑眯眯地告诉孩子“谢谢你一大早就让我哈哈大笑”，这就足够了。如此，孩子大概率会尴尬地挠挠头，暗下决心一定不能再犯。通过这样的方式，既能维护孩子的自尊心，又能让孩子在轻松的氛围中认识到自己的问题。

23 对早上说“不想上学”的孩子

努力的妈妈 ✕

“你也没生病啊，打起精神去上课吧。”

智慧的妈妈 ○

（站在孩子的立场上思考）

“是吗……如果你真的不想去，其实妈妈能够理解你的心情。”

孩子偶尔会在早上说“我不想上学”。

如果遇到这种情况，为人父母的我们，首先要站在孩子的立场上思考。尽管我们或许会有“我不能请假”或“今天有重要安排”这样的现实考量，但这时候理解孩子的心情才是重中之重。

孩子“不想上学”的原因有很多。

可能是因为“肚子疼”或“不舒服”，如果确实是因为身体问题不想上学，那当然要问问孩子“要不，我们去医院检查一下吧”，并为他请一天假。

不过，有时只要仔细观察孩子的言行举止，就会发现“他没生病”。即便如此，也千万别对孩子说“你也没生病啊，打起精神去上课吧”这种话。因为孩子既然都说了不想上学，那可不就是因为打不起精神吗？说这样的话，无疑是在孩子低落的情绪上“雪上加霜”。还有一句话也千万不能说，那就是：

×“你的同学都去上课了啊！”

这句话不仅是在指责孩子，还会让他们背负上“偷懒逃课”的负罪感，加重孩子的心理负担。

也许父母会觉得“要是他们前一天晚上提出不去学校，我还有时间慢慢应对”。有些时候，孩子可能一到家就会提出第二天不想去上学，但有些时候，他们的负面情绪是会随着时间不断膨胀，直到上学前才终于爆发出来……

最重要的是要打造一个能让孩子自由倾诉的家庭环境，当孩子说出不想上学时，父母不妨学着站在孩子的立场上去思考，温柔地问孩子："你怎么啦？是不是遇到什么问题了？"

让孩子自由倾诉的表达方式

对于幼儿园和小学阶段的孩子而言，一般只要父母愿意倾听，孩子的很多烦恼就能迅速烟消云散。例如，孩子说："昨天我和 ×× 小朋友吵了一架。"这时，父母可以这么回应：

"是吗？那你心里是不是有点难受呀？要是妈妈遇到这种情况，可能会先和那个小朋友道歉，然后对他说'我们和好吧'，说不定这样做心情会变得好一点哦。"

简单来说，就是共情孩子的感受，并设身处地地为他们找到好的解决办法。

孩子偶尔也会冒出"讨厌老师"这样的话。

父母听到后往往会立即指责孩子"你怎么能讨厌老师呢"。但这样不分青红皂白的指责，可能会让孩子觉得"爸爸妈妈不为我着想"，久而久之，也就不再愿意表露自己的真实想法了。正确的做法是用理解的态度询问：

"不喜欢老师，是发生了什么吗？"

听完孩子的讲述后，回应道：“哦，我明白了，原来如此。”或者“这样啊，那妈妈就能理解你为什么不想去上学了。”

总之，父母的话要让孩子真切感受到“父母能理解我的感受”。

除此之外，父母也不能对孩子说“没事的，你很快就会忘掉的”或“这种事情谁都经历过啊”之类的话。虽然父母可能是出于“想让孩子好受一些”的想法，但如此轻描淡写的回应，往往会让孩子觉得“爸爸妈妈根本不理解我的感受”。

想要站在孩子的角度来看待问题，最好的办法就是将自己代入这个事件。例如，如果是自己在工作中遇到了不顺心的事，回家向伴侣倾诉时，对方只是轻描淡写地说一句“这种事情谁都经历过啊”，你会不会觉得跟这个人没什么好说的呢？哪怕是成年人，在心情低落时，也渴望有人愿意倾听。此时此刻，我们需要的是他人的“共情”。

对孩子来说，更重要的是爸爸妈妈愿意倾听和共情。很多时候，孩子的需求仅仅是“被理解”。有时，父母说一句“你是不是遇到不开心的事了啊”，就足以让他们的心情雨过天晴，然后笑着说：“我没事了，我去上课咯。”

孩子表达感情的能力还不成熟，所以父母要给予他们足够的耐心，要耐心引导并慢慢等待他们学会表达。

也许孩子是好不容易才鼓起勇气说的“我不想上学”

专栏

弥生老师的心理健康咨询室

为什么不要总催孩子“收拾东西”

父母总喜欢反复催促孩子“收拾东西”。

那么，把家里收拾得井井有条，对孩子的心理发展会有什么帮助吗？

“破窗理论”指出，如果学校的某扇窗户被打破，那么就会有更多的孩子加入打破其他窗户的队伍。

据说，在墙壁上贴满斑驳的传单、厕所又脏又臭的学校里上课的学生，往往也更暴躁一些。家庭环境对家庭成员的影响也是如此。人的心理状态在很大程度上会受到生活环境的影响。一个人如果长期生活在一个堆满杂物的肮脏环境中，情绪往往也会不由得变得暴躁起来。

所以，如果父母发现孩子情绪有些暴躁，请不要一味地责怪孩子，而是要提醒自己“该收拾屋子了”。

不过，是不是家中越干净，孩子的情绪就越稳定呢？倒也不尽然。生活在井井有条、一尘不染、不允许有丝毫凌乱的环境中，孩子同样会感到紧张不安。

如果有人对你说：“我才刚拖的地，你脚脏，别走来走去。”你是不是会觉得很不自在呢？

家本该是一个让人心情放松的地方，如果回到家也依旧不被允许放松，我们就失去了卸下防备、修养心灵的机会。

不仅如此，长期生活在这种环境下的孩子也更容易变得过度洁癖，从而难以适应外部环境，身心也会长期处于疲惫状态。

所以，我们收拾房间的真正意义，重点是在于打造一个能让人真正放松的环境——一个适度整洁、能让全家人感到舒适的空间。

所以，一味地追着孩子喊“收拾干净”，其实违背了“收拾”的初衷。

但是，有时看到家里乱糟糟的，父母会觉得受不了，想要马上整理一下，于是便会对着孩子命令道：“收拾干净。”

其实，这是在剥夺孩子放松自己的机会。

我的建议是每个家庭都要充分考虑到“放松的空间”。我们的思维会不断受到家具颜色、摆放方式等环境因素的影响。若想让孩子动手收拾，首先要从孩子心理发展的角度来思考。要教会孩子该怎么收拾，接着亲子一起实践，让收拾东西成为孩子的一种习惯。除此之外还有一点也很重要，那就是不要唠叨，只需告诉孩子“收拾东西”即可，无须反复催促。

第 3 章

对烦恼于人际关系的孩子该怎么说

24 对不懂得和朋友和睦相处的孩子

× 努力的妈妈

“要和朋友和睦相处哦！”

○ 智慧的妈妈

“等一下。你们俩先互相听听对方的说法吧。”

当父母的，都希望看到孩子能与朋友或兄弟姐妹和睦共处。

保育园、幼儿园和学校的老师们也会时常告诉孩子："要和朋友和睦相处哦。"

到了小学三年级，孩子们通常也开始明白"要和朋友好好相处"的道理。

尽管如此，孩子之间还是难免会出现吵架的问题。而父母一看到孩子们吵架，总会忍不住想要出言制止。

但是，如果只是单纯告诉孩子"要和朋友和睦相处哦"或是"兄弟姐妹之间要团结哦"，这种不带任何解决方案的意见，通常只会让孩子觉得："这种事情还用你说吗？我难道不知道吗？"

如果孩子没有真正理解和睦相处的内涵，就难以杜绝类似的冲突。如果父母不倾听吵架双方的理由，只是试图通过一句"你们要和睦相处哦"来平息矛盾，那很可能会让孩子生出"我讨厌那个人"或者"我再也不想跟那个人玩了"的排他心理。

但是，即使我们告诉孩子"己所不欲，勿施于人"，他们也很难理解其中的真正含义。

尤其是处于幼儿期的孩子，还不具备体谅他人感受的能力。所以就算父母告诉孩子要"顾及别人的感受"，但没有得到过这方面培养的孩子也一样无法做到。

孩子间的争吵是其心理成长的必要因素

那么，大人应该介入仲裁吗？

答案是否定的。

当大人试图用一句“要和朋友和睦相处哦”来阻止孩子们吵架时，实际上是在剥夺孩子自己解决问题的机会。

事实上，孩子之间的争吵对于他们的心理健康发展具有积极的促进作用。争吵中思维的相互碰撞，会让孩子意识到对方的想法与自己不同。

当然，如果事态有可能发展为暴力事件，那自然需要父母紧急介入，但如果是单纯的争吵、暂时性绝交或是一些小口角，那么父母不妨先观望情况。

“停下来思考”和“解决问题 ABC”

不过，大人有些时候也可以运用恰当的方法为孩子提供解决方法的思路，从而巧妙地介入其中。

“停下来思考（Stop and Think）”就是一个非常实用的方法。

比如，当发现孩子们开始吵架时，可以先让他们暂停一下，引导他们“互相听对方的想法”，鼓励他们阐述各自的观点。

孩子之间的争吵，通常都是由误会引起的。

比如 A 小朋友是因为“被人叫笨蛋”而生气，B 小朋友则是因为“A 小朋友违反了规定”而生气。通过沟通，我们就能了解事情的全貌，原来是“A 小朋友违反了规定，于是 B 小朋友骂他是‘笨蛋’，结果两人就吵起来了”。

孩子上小学三年级后，争吵的内容会变得更加复杂，参与人数也会增多。对于涉及多人的争吵，“解决问题 ABC”是十分有效的方法：

A（Ask，即“提问”）⇒问他们：“争论的导火索是什么？”

B（Brainstorming，即“集思广益”）⇒提议：“大家一起想办法解决这场争端吧。”

C（Choose，即“选择”）⇒让孩子选择：“你们觉得哪种解决办法最好？”

只需引导他们完成这三点，剩下的就可以交给孩子们自己去协商解决。作为大人，只需在旁守护就足够了。

这些经历可以让孩子们明白，想要解决冲突，就必须倾听对方的观点，并站在对方的立场上进行思考。

25

对和朋友发生争吵的孩子

✕

努力的妈妈

“不能吵架！”

○

智慧的妈妈

（对孩子说）

“如果你们能在争吵后形成一致意见，那也非常好哦！”

（对对方父母说）

“一起听听两个孩子的观点吧！”

很多父母一看到孩子吵架，马上就会对他们说：“不能吵架！”

事实上，从发展心理学的角度来看，孩子间的争吵也是成长过程中难以避免的一个阶段。

换句话说，孩子间的争吵是促进他们心理发展的必需要素，并非是“坏事”。

探寻争吵根源：以自我为中心的思维模式

大部分孩子在两岁到四岁的时候开始进入保育园或幼儿园，在与同龄小伙伴一起玩耍的过程中，争吵和冲突事件也会不时出现。

多项调查研究表明，造成这些冲突的原因往往都是诸如霸占东西或地盘，或是责骂他人等令人不快的行为。

随着孩子年龄的增长，父母或许还会从他们口中听到诸如“轮到你了”“老师说不行”“××，你作弊！”之类的话。

这些争吵在幼儿期是十分常见的，因为孩子们还不太会考虑别人的感受，也难以客观地看待自己。这就是所谓的“以自我为中心”。

“以自我为中心”并不意味着“自私自利，只考虑自己的利益”，它指的是很难站在他人的立场上思考和交流的现象。

孩子的思维尚未完全社会化，所以很难将自己的观点和小伙伴的观点联系起来。

然而，有些父母往往将吵架归咎于孩子的性格，觉得这是“因为孩子太好强”或是“因为孩子太好胜”。

实际上，这只是孩子的社交技能（参见第 122 页）尚不成熟而已。所以，父母应在理解这一点的基础上，教会孩子如何与朋友相处。想要学会吵架后和好的方法，最好的办法就是多经历几次吵架。

争吵是提升社交能力的宝贵契机

因此，对于正在争吵的孩子，父母肯定争吵这个行为本身也很重要，不妨对孩子说：

“如果你们能在争吵后达成一致意见，那也很棒哦！”

只有经历过争论，孩子才能学会如何更好地表达自己的想法，以及如何倾听对方的想法。

当然，孩子的性格各不相同，既有开朗活泼、能言善辩的，也有老实安静、不善言辞的。

这就需要大人从中予以协调，为老实安静的孩子创造出表达自己观点的机会，例如可以这么说：“稍等一下，接下来我们听听 ×× 小朋友的意见。”

反之，如果父母单纯出于“我家孩子和那个孩子性格不合，以后还是别让他们在一起玩了”的想法而极力避免自己的孩子与某些孩子接触，结果会怎样呢?

事实上，这无异于是在剥夺孩子们明白“很多人的观点都和我不一样”这个道理的机会，导致这些孩子在社交能力方面的提升速度比同龄人更为缓慢。

看到孩子们吵架，很多家长难免会顾忌对方父母的心情。一旦对方父母先对吵架的两个孩子说:“你们不能吵架哦。”自己也难免会觉得“我是不是也应该这么说”。

事实上，这种时候更应该保护孩子们的学习机会。

此时不妨向对方的父母建议:“要不一起听听两个孩子的观点呢?”

这同时也是家长为孩子树立好榜样的机会，让孩子看到如何“正确表达自己的意见”。

如果担心对方父母生气，也可以更加具体地去解释:“发展心理学认为，与同伴争论可以让孩子更快地掌握社交能力。”相信这样说明后，对方父母也能理解。

当然，也会遇上一些无论怎么说都无法沟通的父母。这种情况下，也无须太过坚持，说一句“让孩子们换换心情吧”，然后带自家孩子离开即可。

26 对哭诉“我被孤立了”的孩子

✕ 努力的妈妈

“为什么他们会孤立你？”
“为什么他们会讨厌你？”

○ 智慧的妈妈

首先对孩子的遭遇表示同情：“没办法和小伙伴们一起玩耍，确实很难受啊。”接着再询问孩子：“你们之间是不是发生了什么事情呀？”

即使是大人，也不可能总会遇到与自己投缘之人，或是和日常遇到的人都能特别亲近。

孩子在人际关系中也面临着与成年人相似的复杂性和难题，甚至可能更为棘手。

因为大人们普遍懂得照顾他人的感受，但孩子还没有学会这一点。

为什么父母要慎用“孤立”这个词

如果一个孩子非常想和某个伙伴一起玩，而这时又恰巧有其他孩子请求加入，他很可能就会以“今天不行”为由直接拒绝。

通常情况下，当孩子的脑海中被“想早点回家”“想快点去玩”的想法所占据时，往往没有余力去考虑其他无法加入队伍的孩子是何心情，就连告别都显得很敷衍。

于是，那个无法加入队伍的孩子就会感到非常孤独和痛苦。或许还会哭着回家倾诉：

“我好像被孤立了。”

“那个人说我今天不能和 ×× 小朋友一起玩。”

此时，作为父母应该如何劝导心灵受伤的孩子呢？

通常来说，父母看到孩子那么难受，自然就会想努力避免孩子将来遇到更难受的事。于是，父母就会本能地认为“只要我了解了原因，就能避免孩子再被孤立”，进而会开口向孩子询问原因。例如：

×“发生了什么事？”

×“为什么他们会孤立你？”

×“为什么他们会讨厌你？”

父母总担心孩子是因为自身原因而被孤立的，所以就会觉得只要问出真正的原因，并帮助孩子改正了这些问题，将来就不用担心孩子再受排挤了。

殊不知，“被孤立”或“被讨厌”之类的词语，本身就会给孩子造成很大的伤害。哪怕孩子自己用了这些词来描述自身处境，父母也应尽量避免再使用。一旦父母使用这些词语，就会再次重击孩子的心灵，让他们感到更加痛苦。

即使孩子当下对这种感受的理解还不深刻，但“被孤立”或“被讨厌”的印象也会深深地留在他们的脑海中。

不停追问反而会适得其反

举个例子，当学校的辅导员倾听孩子的故事时，面对孩子对于“我被孤立了”的担忧，首先会表示“共情”：

“没办法和小伙伴们一起玩耍，肯定很伤心难受吧。”

在表达了“共情”后再继续询问：

“你们之间是不是发生了什么事情呀?”

因为孩子已经得到了共情，接下来通常也能心平气和地开始讲述事情的原委了。

与表达共情同样重要的是，父母在解决孩子的烦恼时务必谨记不可不停地追问。如果问了“你们之间是不是发生了什么事情呀?”这个问题后，没有从孩子口中得到明确的答案，那父母就可以先对孩子说:“你跟妈妈说说，也许会好受一些，而且或许妈妈还能替你想到一些解决办法呢！没关系，等你想说的时候再和妈妈说就行了。”这样有助于安抚孩子的情绪，让他们更愿意敞开心扉。

看到孩子心情低落，父母的心情通常也会随着一起低落。甚至很多父母在看到孩子心情不好时，会忍不住焦虑，恨不得立刻解决掉问题。

然而，孩子的情绪变化很快。也许一句“妈妈理解你的心情”，就能让他们抛却烦恼，转而关注别的事情了。但如果父母在一旁不停追问，孩子就会失去转换心情的机会。

父母要努力为孩子营造出一种积极向上的氛围，帮助他们调整心情，相信“明天一定会顺利的”。

这种“改变心情的技能”也是父母有必要教会孩子的重要技能。

孩子的很多性格问题都只是因为社交能力还未成熟

在社会生活中，我们与他人交往时所需的能力，被统称为“社交能力”。这是一种利用思考、感受和行为等能力来顺利构筑人际关系的综合能力。

社交能力并非与生俱来，而是需要通过不断学习逐步发展起来的。父母和周围人的直接教导，或是观察及模仿周围之人的或好或坏的行为，都是孩子提升社交能力的主要途径。

但如今，很多家庭中的孩子数量减少，孩子和小伙伴们一起面对面玩耍的机会也少了许多。随着网络的普及及都市化的发展，人与人之间的现实联系愈发淡薄。

生活在这样的时代背景下，一些孩子很难得到父母或其他亲人的教导，也难以参考兄弟姐妹、朋友的言行。

正因如此，许多人都觉得越来越多的孩子似乎不懂得如何与朋友和睦相处了。

而这些孩子往往会被贴上“不守规矩”“自私”和“内向”等标签。

然而，将孩子的这些表现简单归结为性格问题，其实是父母转嫁责任的一种行为，甚至还会促使孩子在心理上逐渐认同这些负面标签，甚至最后朝着这些不好的方向发展。

实际上，孩子所谓的“性格问题”，很大程度上只是他们社交能力尚不成熟的一种表现而已。要么是因为还不知道正确的社交方式，要么就是因为还不擅长。随着拥有更多的社交经验，孩子便能逐渐学会如何与他人交往。而作为父母，需要充分理解生活在现代社会的孩子很难自行习得这些技能，明白“正因为孩子不懂，所以我要教他”“因为孩子的想法不对，所以我要教他正确的做法”“孩子看起来没什么自信，我要多多鼓励他”这些就是我们常说的“社交能力训练”。

图 3

建议孩子应获得的主要社交能力

- ☑自我介绍的能力
- ☑表达能力
- ☑倾听能力
- ☑理解情绪的能力
- ☑应对情绪的能力（情绪稳定的能力）
- ☑道歉能力
- ☑善于婉拒的能力
- ☑向他人提出建议的能力
- ☑劝慰他人的能力
- ☑加入他人的能力
- ☑增强自尊心的能力
- ☑提升韧性的能力

资料来源：渡边弥生主编《全彩插图 发展心理学入门》，Natsume 出版社。

27

对与朋友争吵后怒气冲冲回家的孩子

✕ 努力的妈妈

“你不想听到的话，就不该对别人说。”

○ 智慧的妈妈

“他居然说得那么过分啊？那你一定很伤心吧。”

小学高年级的孩子已经陆续步入青春期，这个阶段，孩子们会时不时地拿自己与周围的人进行比较，并可能因此生出自卑感。

随着性激素分泌的增加，女孩的体型会变得更柔美，男孩则更显阳刚。身高和体重也可能突然增加。但这个时期孩子的身体发育会受到个体差异的影响，有些孩子身高猛窜，一下子接近成年人的高度，当然也有发育较慢、迟迟不见动静的孩子，这样一来，孩子间的外貌差异会逐步拉大。

面对无法掌控的身体发育，大多数孩子在新奇之余，还会生出恐惧等负面情绪。他们比以前更加担心别人会如何看待自己。

在青春期，许多孩子都会有被人取笑的困扰，例如个头高的孩子会被人戏称“大个子”，个头矮的孩子会被人戏称“小矮子”，胖乎乎的孩子则会得到“小胖子”的称号。

大部分孩子并不在意父母的评价，却十分担心同龄人会如何评价自己。比如，他们可能会因为朋友的一句“好土”而再也不碰曾经最喜欢的那件衣服。

哪怕在大人眼中微不足道的小事，孩子也可能因为朋友的一句话而顿时自信心受挫。

青春期的孩子很容易因为自己在意的事被朋友取笑而感到很受伤，情绪失控，难以客观看待问题。

如何开解因愤怒而恶语伤人的孩子

人一旦失去冷静，就容易变得情绪化，往往会用更加恶毒的语言来反击对方，甚至可能会使用一些诸如“白痴”“闭嘴”“去死”和“给我立刻消失”之类的侮辱性语言。孩子回家时，可能气呼呼地倾诉：

“他们今天都叫我胖子。”

“然后我就喊他们白痴，让他们给我闭嘴。”

这时候，父母可能会觉得有些茫然，不知该如何开解才好。有些认真的父母可能会尝试说教：

× “你不想听到的话，就不该对别人说。”

× “你这么说，会让你的朋友们讨厌你的哦！”

然而，此时父母首先要做的应该是理解孩子。

○ “他居然说得那么过分啊？”

○ “那你一定很伤心吧。”

如果孩子听到后依旧一脸愤怒，那我们不妨接着说：“那种话，谁听了都会生气的。妈妈听完也觉得很生气！”

人在遇到糟心的事时，都渴望能找到一个可以倾诉的对象。只要有人理解，心情就更容易转好。

孩子也是如此，得到父母的理解，可以让他们更快平静下来。父母的理解，会让孩子感到安心。只要获得了这种安心感，孩子就会愿意详细说明争吵的原因以及具体的细节了。

接下来，父母就可以告诉孩子什么是正确的做法了。如果父母在没有对孩子的心情表示理解之前就直截了当地进行说教，孩子往往就会觉得“爸爸妈妈根本不理解我”。那么今后他们不管与朋友间发生了什么，可能都不会再回来告诉父母了。

孩子们缺乏应对冲突的“行动策略”。所以一旦听到一些感觉很受伤的话，就会立刻失去冷静，并试图用更难听的话来回击。所以父母要引导孩子思考“行动策略”，比如问问孩子:“如果再发生类似的事情，我们应该怎么办呢?”

此时，不妨建议孩子平静地表达自己的感受，例如，教孩子这么告诉对方:“希望你不要再说这种话了，因为这会让我觉得很难受。”也可以引导孩子慢慢地喝一小口水让自己平静下来，或是深吸一口气。如果实在难以冷静，那暂时离开现场也是个办法，及时抽身退出，可以避免与朋友加剧矛盾。

28 对回家哭诉“他们说我坏话”的孩子

× 努力的妈妈

“你很难受吧。既然他说话那么难听，你就不用搭理他了。”
“以后别再跟他玩了。”

○ 智慧的妈妈

“如果有人说你坏话，那就反驳回去吧。”并在家里反复练习。

孩子可能会因为被朋友说了自己的坏话而哭着回家。

这种时候，父母首先要做的就是站在孩子的角度，体谅他们的感受。给孩子提供建议固然重要，但请务必先耐心听孩子说完事情的来龙去脉后再提出。

此外，一定要注意一点：父母切勿过分强调自己的担忧。

父母支持孩子无可厚非，但如果担心过度，先孩子一步表现出担忧和焦虑，孩子的情绪便无处宣泄。比如父母说：

×“明天能去学校吗？去了是不是又会被欺负？要是那样，你一定要马上告诉老师啊。”

如果父母这么说，就更容易让孩子对上学这件事产生焦虑。

同时，父母也不要太过着急处理这件事。

作为父母，都希望孩子不要带着烦恼回家，希望家里祥和安宁，一旦这种氛围被破坏，父母往往就会觉得不安、焦虑。当然，孩子也是父母担忧的一大要素。所以，父母总是将孩子的烦恼视为自己的烦恼，恨不得马上找到解决办法。

于是，当看到孩子哭着回来时，父母常常会脱口而出道：

×“别理那种孩子了。”

×“以后别再跟他玩了。”

因为父母通常会觉得只要自家孩子不再和那个说坏话的孩子来往，类似的问题就不会再发生了。

实际上，这是一种过于草率的想法。

恶语伤人是很不好的行为。所以父母应首先教育孩子绝不可恶语伤人。

但是，如果父母因此就建议孩子躲开，说“不再理他”或是“别再和他玩”，可能会让孩子成为霸凌者的目标。

“不理他”“不跟他玩”这类话是带有排斥性质的话语，很容易与霸凌行为产生联系。而且这些话极具负面影响，很容易让孩子的心理生出负面问题。

“如果有人对你说了你不想听的话，那就反驳回去！”

以上这种话才是父母应该告诉孩子的。因为霸凌者特别喜欢欺负那些看起来安安静静、不会还嘴的孩子。

进行自信训练

有一种行之有效的方法叫作“自信训练”。

“自信”通常意味着一个人具有“自我主张”。而“自信训练”并不是单方面表达自己的意见，而是在尊重他人感受的同时，清晰地表达自己的感受。这需要暂时摒弃那种非此即彼的好胜心态。

通过这种训练，帮助孩子学会在不与他人对立、也不压抑自己情绪的前提下充分表达自己。

父母可以在家中与孩子一起进行自信训练，步骤如下：

①询问孩子："你讨厌被朋友这样说吗？"

②引导孩子思考："被人这么说时，你是什么感受？"

③鼓励孩子表达："你希望对那个说你坏话的孩子说什么？"

就这样，与孩子按照①—③的顺序展开讨论。为了让孩子能在下次发生类似的事情时正确应对，父母还可以和孩子一同思考"如何以更容易让对方理解的方式表达自己的感受"。比如：

"或许我也说过让你感到难过的话。不过你叫我胖子，会让我觉得很难过。以后我也不会说让你难受的话，所以请不要再叫我胖子了。"

父母可以先与孩子一起在家做类似的练习。即使是性格内向、不善表达自己想法的孩子，通过这样的练习，也能逐渐掌握在必要时刻表达自身感受的能力。

29

对从朋友那儿得到贵重礼物的孩子

✕ 努力的妈妈

“这种东西怎么能轻易收下呢？快还回去！”

○ 智慧的妈妈

“这件礼物太珍贵了，可不是随随便便就能得到的东西。那要怎么办才好呢？要不我们去问问××小朋友的妈妈吧？”

孩子们很喜欢互相赠送礼物。我听过这样一个案例，说的是有个孩子因收了一个电子词典而惹上了麻烦。起因是这个孩子的朋友告诉他“这个电子词典我不用了，送给你吧”，于是他便收下了。然而，收到电子词典的孩子的家长却感到非常惊讶和生气。因为那个孩子一直都很想要电子词典，所以父母就误以为他偷了同学的东西。

电子词典只是昂贵物品的一个例子，与此类似的还有集换卡、玩具、游戏软件等。

不少父母在面对这种情况时往往不知道该怎么处理比较好。当然，现实中也的确存在孩子从朋友家偷偷带东西回来的案例。由于涉及财物，处理这类问题时必须格外谨慎。

帮助孩子思考“物品的价值”

首先，家长要教会孩子思考“物品的价值”。例如，可以这样引导孩子：

“这件礼物太珍贵了，可不是能随意接受的东西。”

这种说法能启发孩子自行思考。接着，不妨通过提问引导孩子询问对方父母：

“要不我们去问问 ×× 小朋友的妈妈吧？”

如果父母跳过这一环节，直接斥责孩子“这种东西怎么能轻易收下呢？快还回去！”孩子一定会觉得很疑惑：朋友“主动”赠予的东西为什么不能收下呢？所以父母直接斥责的做法很容易伤害到孩子的自尊心，并使他们陷入困惑。

锻炼生存所需的“韧性”

孩子们时常会给想与之成为朋友的人送礼物。但有些情况下，送出礼物并不会得到回礼，这通常会让孩子感到很失落。因此，父母要告诉孩子，交换东西有时也可能对友谊造成负面影响。

然而，孩子正是在一段段友情中，反复经历自尊心受挫、沮丧、自卑等情绪，才得以逐渐成长的。他们需要掌握无论遇到什么困难都能灵活应对的能力。在心理学中，这种能自己走出精神伤害的恢复能力被称为一个人的“韧性”。

图 4 对韧性进行了说明。韧性的高低决定了孩子对困难的适应能力，所以父母有必要帮助孩子从小培养这项能力。

图 4

培养高韧性的孩子

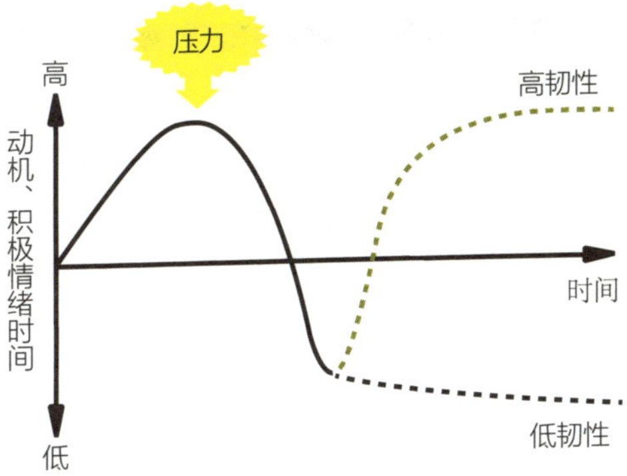

韧性是心灵恢复的能力。人们常说“心碎了”或是“不屈之心”，而想要从心碎状态中快速恢复过来，就必须拥有坚毅的韧性。

韧性常常被比作柳树，可以随风摇摆，却不会被暴风雨轻易折断。孩子只有具备在受到轻微的伤害后能够自我恢复的能力，才能在未来面对更大的挫折时，依然屹立不倒。

资料来源：渡边弥生主编《全彩插图 发展心理学入门》，Natsume 出版社。

30

对“因为其他人都有”就吵着要手机的孩子

✕ 努力的妈妈

“别人是别人，你是你。”

○ 智慧的妈妈

“×× 能买手机，是因为她的爸爸妈妈觉得她需要一部手机。但我和爸爸觉得现在还不是给你买手机的时候。因为……”

或许很多家庭都想知道究竟何时该给孩子买手机或游戏机等设备。

如今，越来越多的家长在对待手机这件事上觉得十分为难。最近就有一位家长找我咨询：“上小学二年级的女儿想要一台手机，我该怎么做才好呢？”

如果孩子说“因为其他人都有”，父母该如何回答呢？

孩子们在想要手机的时候往往会很委屈地说：“我是班上唯一一个没有手机的人。”

比如“大家都有，只有我没有”，或是“××、××还有 ×× 都有手机了，可是我没有”之类。

有些孩子会事先想好充分的理由，试图让父母难以拒绝，最终同意购买手机。

这个时候，父母要让孩子明白一个道理：“别人是别人，你是你。”但是让孩子真正明白这一点并非易事。孩子也可能会说出一些让父母焦虑的话，像：

“我融入不了大家的话题。”

“他们说我不能一起玩手机游戏，所以就孤立我了。”

很多父母一听这话，就会觉得自家的孩子好可怜，太让人心疼了。

然而，面对这种情况，父母更应该向孩子清晰地传达家庭的态度，可以这样说：

“××能买手机，是因为她的爸爸妈妈觉得她需要一部手机。但我和爸爸觉得现在还不是给你买手机的时候。因为……”

父母既要表明会在合适的时候给孩子买手机，也要用孩子能理解的语言解释当下还不能买手机的原因，并引导孩子深入思考。

虽然不能马上答应孩子的请求，但创造这样一个交流彼此想法的过程，也是一件很有意义的事情。

发展心理学中并未对“最好应避免孩子在几岁前拥有手机或游戏机”提出明确的建议。这因具体的家庭情况而异。

然而，互联网已经成为这个社会中不可或缺的一部分。未来社会更是会被手机、电脑等各类电子设备所充斥，所以父母需要教会孩子如何正确利用这些工具。不理解的东西就不想面对，这是人类的天性所致。而作为父母，则应教会孩子以积极的心态去面对困难、适应变化。

手机方便好用，不仅如此，人们还可以通过手机学到很多新知识，但背后也隐藏着许多风险，如手机成瘾问题，或是被人通过网络窃取金钱或时间等安全问题。所以，父母不妨通过召开家庭会议来明确传达注意事项，并和孩子商定好使用手机的具体要求。

图 5

中小学生拥有“智能手机”及“功能手机”的比例

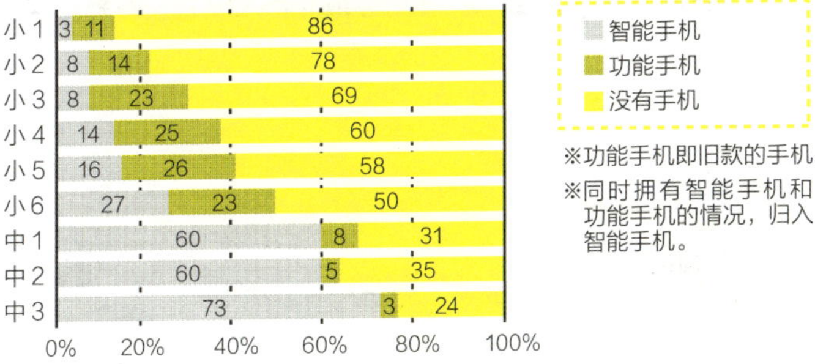

※功能手机即旧款的手机。

※同时拥有智能手机和功能手机的情况，归入智能手机。

资料来源：NTT Docomo 移动社会研究所《移动社会白皮书网页版 2020 版》

图 6

多管齐下，预防孩子手机成瘾

- ☑ 使用网络过滤器，借助技术手段，过滤不良信息。
- ☑ 让孩子了解使用手机可能出现的问题和风险。
- ☑ 父母应与孩子一起制定“手机使用规定”并严格遵守。
- ☑ 密切关注孩子的行为，如果发现孩子习惯使用手机后出现违反规定的行为，就要不厌其烦地重复那些注意事项。
- ☑ 与孩子约定违反规定时的惩罚。
- ☑ 父母也要积极了解社会上的常见问题，学习应对方法，努力保护孩子远离网络风险，并告诉孩子万一遇到类似的风险时，应如何保护自己。
- ☑ 尽量抽出时间陪孩子一起走进大自然，或陪他们一起玩耍、聊天。
- ☑ 一定要告诉孩子，与朋友在一起玩耍和聊天，远比玩手机更有意思。
- ☑ 告诫孩子不要在社交媒体上发表任何可能伤害朋友的言论。一旦遇到麻烦，就要立即告诉父母。
- ☑ 与他人交谈时不要看手机。
- ☑ 父母应该时刻牢记自己是孩子的榜样，以身作则遵守约定内容。

31 对被其他人说“我不和你玩”的孩子

努力的妈妈

“他居然说得那么过分啊？
还是告诉老师吧。”

智慧的妈妈

“是吗？那可太难受了。你跟妈妈说说吧。”

对个体精神层面具有较大影响力的人，在心理学上被称为“重要他人”。

对于孩子来说，处于幼儿期时，父母是毋庸置疑的“重要他人”，步入儿童期后，尽管父母依旧重要，但重要程度会逐渐下降，取而代之的是孩子身旁的好伙伴们。

那么，孩子们会如何挑选作为“重要他人”的朋友呢？

友谊的动态发展：从邻近到共鸣

低年级的孩子往往会选择“住在附近、平时经常玩在一起”，即物理距离较近的孩子做朋友。用心理学的专业术语来说，这就是“邻近效应”。

所以这个时期的孩子，一般喜欢和同班同学或是父母朋友的孩子在一起玩。可见，外部环境对孩子的社交行为影响很大。

孩子也会在这种影响下逐渐明白什么是“好看”“有趣”“善良温柔”“可爱”“酷”等。这些情感层面认知因素的出现是“同理心”的表现。

高年级的孩子会更倾向于选择志同道合的人做朋友，例如在学习或运动方面值得自己尊敬的人，或是与自己有着相同的生活习惯、兴趣爱好的人。这便是“尊重共鸣”。

由此可见，友谊会随着年龄的增长而发生改变。而在这种流动变化的友谊关系中，总会有些孩子因无法融入集体而被孤立。即使这些孩子向朋友请求“让我一起玩吧”，也可能遭到朋友拒绝，比如“你不行”“我们不跟你玩”。如果这种情况只是偶尔发生一两次，父母或许还能耐得住性子在一旁观察，但如果经常发生，父母一定也会坐不住，觉得需要进行干预了。

父母的冷静之道：共情与理性应对

对父母来说，处理这类问题比较棘手，很难立刻给出有效的解决方法，必须根据具体情况做具体分析。不过，此时最重要的是父母应该保持冷静，不要因为受到孩子情绪的影响而乱了阵脚。

如果总是听孩子说“他们今天也不让我一起玩”或“他们不让我加入”，一些父母就会感同身受，仿佛是自己被朋友孤立了一样，变得伤心烦恼。这样一来，就不能冷静、客观地应对问题了。

对父母而言，一定要在每次听到孩子诉说这些遭遇时表示出共情的态度，对孩子说：“你一定很难受吧。”随后，父母就得让自己保持冷静，思考应对办法。

“告诉老师”一定要慎重

在这种情况下，有些父母可能会觉得“告诉老师”也是个可行的办法。但在此之前，一定要慎重思考该怎么告诉老师。

我听过一个案例：一个正在上小学一年级的孩子总是被同学孤立，于是他的妈妈脑子一热就找了班主任，希望得到老师的帮助。第二天，老师就将那些孤立他的孩子们全都叫去狠狠地训斥了一顿。结果，这个孩子被那些孤立他的同学下达了断交通知："我们再也不会和你一起玩了。"他的妈妈也因此更加懊恼，后悔自己太过冲动。

不仅如此，自那以后，那个孩子无论在学校遇到什么麻烦，都会瞒着自己的老师们。无论后来的班主任是谁，他都不再信任"老师"这个角色。

很显然，如果老师只是单方面责骂那些孤立同学的孩子，往往会让这些孩子对被孤立的孩子生出更多不满。

而如果这个孩子的妈妈当时能够心平气和地咨询孩子的班主任："老师，您说这种情况要怎么处理比较好呢？"或许结果就会大不相同。

如果老师回答："我会和孩子们谈谈。"那么妈妈就可以进一步建议老师："请您不要责骂那些孩子，只需从旁观察，课间休息时引导孩子们一起玩就好了。您看这样可以吗？"

明智的妈妈能预料到老师直接责怪那些孤立同学的孩子的做法可能会导致什么后果。

而且，孩子们通常并不希望父母出面替自己解决问题，他们往往觉得“妈妈能听我倾诉就够了”。所以，父母需要在面对这类问题时保持冷静，并客观分析这些问题是否存在升级为霸凌的风险，以及孩子究竟只是想要倾诉，还是希望父母干预。

32 对总是被朋友中伤的孩子

✕ 努力的爸爸

“你怎么老被人说？偶尔也反击一下啊！”

○ 智慧的爸爸

“你真是个善良的孩子，会替别人着想，真是太了不起了。不过会不会过度忍让了一些？”

被朋友言语中伤，对于任何孩子而言都是痛苦的经历，所以被中伤的孩子一定非常难过。但有些父母在听到孩子的倾诉后，会马上暴跳如雷，并指责孩子："你怎么老被人说？偶尔也反击一下啊！"尤其是好胜心极强的爸爸们。

甚至有些爸爸在听到孩子被打后，会教训孩子："你怎么这么软弱？别人打你，你就不会打回去吗？"

但是，一旦孩子被灌输"被打就要反击"的思想，未来很可能会出现更大的问题。万一孩子真的这么做了，那他就可能会被旁人也视为"霸凌者"。这并不利于孩子的心理健康发展。

"不反击"是孩子善良的表现

"不反击的孩子"和"不还手的孩子"往往都是非常善良的孩子。即使被朋友说了坏话，甚至被朋友打了，都不会反击，是因为孩子知道如果反击，会让对方生出不愉快的情绪。所以，父母应该珍惜孩子这份能够体谅他人感受的善良。

然而，父母的思维又总是陷入纠结之中，尽管他们都希望自己的孩子温和友善，不要欺凌他人，但又会在孩子被人欺负却不还手，或是一味后退，或是在集体活动中表现得不突出时，忍不住觉得"这孩子怎么这么软弱，真让人不放心"或是"我家孩子如果能更要强一些就好了"。

不过，懂得退让和忍耐的孩子不仅心性善良，更具有一个难得的优点——小小年纪就已经学会控制自己的情绪和行为了。即便不受人重视，他们也会自觉地完成自己该做的事情，展现出宽广的胸襟。

如果父母能注意到孩子的这些优点并加以鼓励："我相信你长大后一定会很厉害。"就会给孩子带来很大的信心。孩子的自我肯定感也会得到大大提升。

但现实是很多父母往往会忍不住指责孩子："你怎么像个软骨头啊，只会忍让吗？就不能强势点儿？"面对这样的责怪，孩子的自我肯定感也会随之下降。

对于过于忍让的孩子，父母应该给予哪些支持呢？

然而，如果自己的孩子总是"被人说了坏话也不还口"或是"只会忍让"，那么父母自然也难免会有所担心。因为善良的孩子往往也会刻意压抑自己的感情。这就需要父母给予一些恰当的支持了。比如可以这样告诉孩子：

"你真是个善良的孩子，会替别人着想，真是太了不起了。不过，会不会过度忍让了一些？"

父母可以通过以上这种说法告诉孩子"其实你可以不用这么压抑自己的"。

虽然父母不应脑袋一热就让孩子"学会反击"，但还是可以给予孩子一些帮助，让孩子学会“正确的反击方法”。

正确的反击方法的关键在于要“心平气和地说”。即使是成年人，也一样会看不起那些一与人争论就情绪激动、用力拍桌子的人。

只有那些能够做到清晰、冷静阐述自己观点的人，才能赢得旁人的尊敬。这一原则在儿童的世界里同样适用。

例如，当孩子被喊“胖子”时，可以引导他用清晰明确的语言向对方表达自己的感受，而不是简单地反击对方一句“矮子”。例如：

“我很希望能和××一直做好朋友，所以我们可不可以不要再说一些让对方觉得伤心的话？如果是我做了什么让你觉得不高兴的事情，请你告诉我。我对你，也是一样的。我想，这才是真正的朋友。”

善于表达感受并非天生的能力或性格，而是一种技巧。只要是技巧，就可以通过训练得到提升。

对于天性老实的孩子而言，这些技巧如同及时雨，能让他们在未来的人际交往中更加从容自信。

不还嘴的温柔

笨蛋！
惊
总是被人说，你不觉得难受吗？
嗯……因为我要做个温柔的人……
你会控制自己的情绪，不还嘴伤害别人，真的很棒！
但是，也不用一直都忍着！
嗯！

33 对被朋友的妈妈带走玩的孩子

✕ 努力的妈妈

“千万别给 ×× 的妈妈添麻烦，知道吗？”

○ 智慧的妈妈

“能和 ×× 一起出去玩，一定很开心吧？不过你一定要乖乖听 XX 妈妈的话哦，要是太激动，跑摔了可就不好了，知道吗？”

父母总喜欢使用诸如“不能给别人添麻烦”之类的说法。例如，听说孩子被朋友的妈妈邀请并带出去玩时，许多父母都会下意识地嘱咐自家孩子“千万别给 ×× 小朋友的妈妈添麻烦，知道吗?”不过，对于孩子而言，“添麻烦”是一个高度抽象的概念，他们很难理解其中的真正含义。

否定式教育的潜在危害

使用“高度抽象的词语 + 否定式（不要做……）”的教育方式，会让孩子的心智逐渐萎缩。

孩子会觉得“虽然我听不懂他们在说什么，但我好像应该做点什么”。只不过，由于孩子并不明白具体界限，不知道什么是可以做的，什么是不能做的，因此很容易变得畏首畏尾。

这样一来，哪怕孩子出去玩，也无法在朋友妈妈的面前尽情欢笑。并不是孩子不想和往常一样与小伙伴一起嬉笑玩乐，而是他已经不敢这么做了。

我想，这一定不是父母想看到的结果吧? 孩子好不容易才和小伙伴出去玩一次，父母一定也很希望他们能玩得尽兴。

但父母还是会忍不住担心孩子因为太兴奋而给朋友的妈妈添麻烦，便会下意识地交代孩子“千万别给人家惹麻烦啊”。也可能担心孩子会因为玩得太开心以至于察觉不到周围的危险，于是忍不住叮嘱孩子:“不要做危险的事情啊”。

如果父母实在担心孩子兴奋过度或忽视安全，就请告诉孩子，“惹麻烦”中的“麻烦”具体包括哪些内容，将抽象指令转化为具体要求。

此外，用否定的形式作出指示，也会让孩子的心智萎缩。如果希望孩子做某件事，建议尽量使用“要做……”的说法，而非“不要做……”。这样，那些想要传达给孩子的信息就会更容易被孩子所理解和接受。比如:

“能和××一起出去玩，一定很开心吧？不过你一定要乖乖听××妈妈的话哦，要是太激动，跑摔了可就不好了，知道吗？”

这种表达方式，不仅清晰易懂，也能让年纪尚小的孩子乐意接受。

不要在含糊不清的语境下使用“麻烦”这个词

有些父母习惯笼统地告诫孩子“不要给其他人添麻烦”。

所有可能损害他人利益，或让他人感到不适的行为，都可以简单地统称为“麻烦”。但是，“添麻烦”的标准是因人而异的。

如果经常用这种模棱两可的话提醒孩子不要犯错，孩子可能形成片面认知，会按照自己的理解来定义“麻烦”这个词。甚至可能会觉得“只要不给别人添麻烦，那就可以想做什么就做什么了”。

例如，有些孩子进入中学后就学会了吸烟。他们不敢在家里吸烟，怕遭到父母的责骂，便和朋友约好一起出去吸烟。

如果父母发现并责令孩子戒烟，孩子或许就会反驳道：“我并没有给任何人添麻烦，有什么关系呢？”

因为孩子通常会觉得吸烟损害的是自己的身体健康，并没有给其他人添麻烦，那又为何不可以做呢？

然而实际上，公共场所吸烟不仅会影响他人健康，而且很多人在看到年轻人聚集吸烟时都会忍不住皱眉，有些人甚至还会觉得“很可怕”。

更何况如果有人乱扔烟头，还需要请人清理，增加清洁负担。

所以吸烟又何尝不是一种不照顾他人情绪的行为呢？

在这个社会，总有一些人察觉不到自己是在给别人“添麻烦”。如果不想让我们的孩子也变成这样的人，父母就要详细地告诉孩子什么是“麻烦”，而不是简单地说一句“不要添麻烦”。

34

对回家后似乎不太开心的孩子

×

努力的妈妈

一脸担心地问："发生了什么事吗？"

○

智慧的妈妈

用灿烂的笑容迎接孩子："欢迎回家。"

父母需要学会从孩子的表情中读出孩子的心理状态。但这并不意味着看出孩子不对劲后可以直接开口问孩子。例如，当孩子从学校、游乐园、社团活动室、课外培训班等地方回家后，看起来有些闷闷不乐、脸色阴沉的时候，父母可能就会忍不住问孩子："发生了什么事吗？"

这句话会让孩子觉得"爸爸妈妈很关心我"，所以语句本身没有任何问题。不过，父母要尽量避免在孩子一进门就问这个问题。

因为如果孩子真的遭遇了什么悲伤的事情变得不开心时，父母的询问很可能会加剧其情绪波动。

创造一个可以让孩子轻松开口的环境

因此，在看到孩子回家后闷闷不乐时，父母首先要做的是迎上去对他说一句："欢迎回家。"

提高声调，微笑地对孩子说"欢迎回家"，而且一定要注意句末语气要用带有上扬感觉的声调，如此一来，即使孩子真的很悲伤，听到后也会因此感到舒心不少。

就算父母真的觉察到孩子今天"应该遇到了什么不好的事"，也不要直接问他发生了什么，可以先以生活关怀切入："饿了吧？今天有好吃的零食，要不要和我一起吃？"总而言之，父母要尽量营造一个可以让孩子轻松开口的氛围，降低孩子的心理防御。

"父母的担忧"可能会被误会成"不信任"

有些时候，孩子看起来闷闷不乐，可能只是因为他累了、饿了、困了，或者觉得有些无聊而已。如果这时被妈妈问："发生了什么事吗？"就有可能引发孩子的负面反应。

比如，有些孩子会觉得："明明我什么事都没有，一回到家就问我'发生了什么事吗'，真是讨厌！"有些孩子则会觉得："以后我回家时一定要高高兴兴的，不然妈妈肯定会担心。"

更值得注意的是，对于某些孩子来说，"爸爸妈妈担心我"的感觉可能与"爸爸妈妈不相信我"的感觉是一致的。父母是因为爱孩子才担心孩子，但在孩子看来，或许会觉得父母是因为不相信自己，所以才会担心自己。这种"不被父母信任"的感觉会降低孩子的自我肯定感。

不仅如此，还可能让孩子心生叛逆："能不能不要再管我了""烦死了"……

最终可能导致孩子刻意避开"可能会让父母感到担心的话题"。如此一来，即便将来孩子真的遇到什么难事，父母也可能根本察觉不到。

在随意的闲聊中传达重要信息

虽然告诉孩子“父母永远都站在你身后，无论何时都会牵挂着你”是一件很重要的事，但如果父母过于替孩子担心，孩子的情绪反而会因此难以得到纾解。

尤其是妈妈，如果能表现得平静一点、放松一点，孩子就会感觉更加安心。

此外，父母平时可以有意识地在潜移默化中告诉孩子一些重要的信息，这样就可以让孩子在面临突发情况时冷静应对，避免惊慌失措。

例如，父母可以在和孩子一起看电视或看电影的时候闲聊。

这时，不要用第二人称教育孩子，例如，“你不能这么做”，而是要用第三人称客观地阐述，例如“如果那个主人公能更加信任朋友，并询问他们的意见，可能就不会遭遇这么可怕的事情了”。

在不破坏轻松氛围的前提下，不时地与孩子进行类似的对话，就可以将想要传达的信息深刻地植入孩子的脑海中。

孩子们说“我不喜欢××”其实就像在说“我不喜欢胡萝卜”

孩子们通常并不会预测自己的话将对人际关系产生怎样的影响。他们说“我不喜欢××”，其实就像在说“我不喜欢胡萝卜”。

那么，“不爱吃某种食物”和“不喜欢”的感觉是如何关联在一起的呢？也许是在父母看到孩子的碗里剩了一些胡萝卜后，随口问了一句“你不喜欢吃胡萝卜吗”的时候。也就是在和父母的这种随意交谈中，孩子们学会了“看到不喜欢的东西就可以说‘不喜欢’”。

大人不会轻易对别人说“我不喜欢你”，因为我们知道这个词会伤害对方的自尊心，让对方感到不快。孩子们则经常对朋友们说“我不喜欢你”，就像在说“我不喜欢胡萝卜”一样毫无顾忌。

父母在听到孩子说出“闭嘴”“走开”等负面词汇时，往往震惊于“孩子到底是从哪里学来的”。实际上，这些词都是他们听父母无意中说过，或是在喜剧节目、动画片或网络视频中听到过的。

孩子们并不会深入思考这些词语的含义和可能带来的影响，只是单纯地觉得：“既然大人都能用，那我也一样能用。”

因此，当父母发现孩子开始使用带有负面色彩的词语时，可以告诉他们，如果像不喜欢胡萝卜那样对朋友说“我不喜欢你”，是会给对方带来伤害的。

“骗人”和“闭嘴”之类的负面词汇虽然能够强烈地表达出自己的感受，但这些都是带有绝对抗拒情绪、让沟通陷入僵局的说法。

当然，你的孩子也可能成为负面语言的接收者。那么父母就要在孩子感到难受时告诉他们正确的解读方法：“我觉得××小朋友说的‘不喜欢’，可能只是暂时有不同意见，就像你有时也会对玩具失去兴趣一样。”

孩子一旦进入学校或其他集体中，都难免经历被人说“不喜欢”之类的遭遇，在孩子的世界里，这种事情时有发生。

让孩子在受挫的同时，逐渐获得抗压能力，才能在将来遇到重大挫折时，依旧保持一颗平常心对待。这种能力就是我在前文中提到过的韧性。

韧性，是指人在感到沮丧或自卑时能够及时调整心态、直面困难的能力。韧性强的人，也更能将对方的话解读成自己愿意接受的意思，从而避免心理受到伤害。

第4章

再也不用说“快去学习！”的魔法

35

对总觉得学不进去的孩子

✕ 努力的妈妈

“赶紧学习！”

○ 智慧的妈妈

“你想做汉字练习还是做算术？”

如果对父母经常说的话进行排名，“赶紧学习”可能会排在前三名。另一方面，如果对父母说过的最不管用的话进行排名，这句话应该也能排进前三。

“赶紧学习”这句话往往只会让孩子更加排斥学习，很难培养出热爱学习的孩子。

因为人类的热情源于好奇心和自主意识，即“我要自己决定怎么做”的想法。当父母说出“赶紧学习”时，其实是在削弱孩子的自主意识。在这个时候，孩子的心思就已经开始远离学习了。事实上，几乎所有喜欢学习的孩子都说，很少从自己父母嘴里听到“赶紧学习”这句话。

而且，“学习”对很多孩子来说也是一个高度抽象的词。因此即使父母不断催促孩子学习，他们通常也不知道应当从哪里开始。

让孩子自主学习的魔法

考虑到这两点，父母在督促孩子学习时应给出具体的选项，比如“你想做汉字练习还是做算术”，让孩子自己做出选择会更有效果。因为这种方式能够增强孩子的自主意识。孩子们会觉得一切都是自己做的决定，因此充满斗志。

不过到了小学高年级，这种话术便开始慢慢失效。因为孩子们觉得在学校辛苦学习很累，回到家更想放松一下。这种情况下，父母可以让他们选择如何安排时间。比如可以这样说：

“休息当然也非常重要。不过你放学回家已经一个小时了，还要继续休息一会儿吗？这样的话，晚上睡觉的时间就少了。”

这时他们可能会说：“再休息 20 分钟就好。”父母得到了“20 分钟”的肯定答复，也能够做到心中有数，不再着急上火。

培养学习兴趣，“元认知能力”很重要

要让孩子喜欢学习，有件事情比话术引导更重要，那就是找出孩子不想学习的原因。

首先要考虑的是孩子可能在某个学习环节遇到了困难。

心理学中有一个术语叫“元认知”。“元”在这里的意思是“更高层次”，“认知”是指“理解、判断、逻辑等智力功能”。简言之，元认知即客观、综合地看待自身认知活动（包括行为、思维方式、性格、学习等）的能力。打个比方，元认知感觉就像是从身体内抽离出来另一个自己来审视自己当下的思维和言行。

在学习方面，掌握元认知能力能够让孩子客观地判断自己掌握了哪些内容，又有哪些内容尚不熟悉。

喜欢学习的孩子普遍具有较高的元认知能力。因此，

当出现自己还没有完全掌握的内容时，这些孩子能够主动复习，做到完全理解后再学习新的知识。

相反，不擅长学习的孩子很可能是因为元认知能力还不完善。他们可能感觉自己已经掌握了老师教的东西，但实际上，他们真正的状态是“不明白自己到底哪里还没掌握好”。一旦出现这种情况，就会形成连锁反应，不明白的部分越来越多，孩子也就逐渐变得畏首畏尾，不知如何是好。

因此，如果孩子说“不喜欢学习，好烦”，父母首先应当帮助厘清他们到底是哪里不明白。

“目前为止一切都懂，对吧？好的。那么，这里明白吗？”

像这样一一确认下去。发现孩子开始有不懂的地方，父母要耐心地询问他们觉得难在哪里。当孩子理解后，也不要吝惜对他们的夸奖，之后再针对梳理出的弱项，教给他们具体的应对方式。比如明确提出“再做一次同类的问题好不好”等具体要求，设定具体的学习步骤。

这样耐心的陪伴能够促进孩子元认知能力的发展，同时让他们体会到学习时由不懂到懂的乐趣。

要做哪一个？

又不学习，就知道玩游戏！！
咕噜 咕噜
咕噜
这种时候不能逼着他学，得让他自己选，所以……
没办法
差不多到学习时间了……
汉字和算术练习，要做哪一个？
汉字练习
算术练习
那……
做算术！！
汉字
算术

36 对总是完不成作业的孩子

✕ **努力的妈妈**

“做个作业要花多久？”

○ **智慧的妈妈**

“有不明白的地方就问我哦。”

“休息的时候喝点茶，吃些点心。”

当父母要求孩子做事情时，要先告诉他们目标是什么，然后需要告诉他们，为了实现这一目标，要采取哪些步骤。

孩子们起初往往并不懂得什么是“目标”

想象一下您和孩子一起去露营，需要搭一顶帐篷。

在这种情况下，搭帐篷的目标是创造一个可以过夜的空间。为了达成这个目标，父母必须事先把搭帐篷的流程告诉孩子。

父母总是说“有作业吗”“作业做完了吗”“快点完成”之类的话，这就如同在搭帐篷时不告诉孩子为什么要搭、该怎么去搭，而是一味催促“赶紧搭”“帐篷还没搭好吗”“你在磨蹭什么”一样。对于孩子来说，这是一件非常不妥的事情。

如果孩子不知道自己为什么要做作业，又不明白需要达成的目标，就可能失去学习动力；要是再不知道步骤方法，孩子们就更加无从下手了。当所有这些负面因素结合在一起，做家庭作业就变成了一件苦差事。

孩子不愿意做作业也是很自然的事情。

告诉孩子做作业的意义

其实，作业分很多种，目标也各不相同。举例来讲，课后作业旨在帮助学生记住当天学到的知识，培养在现实生活中的应用能力。但是直接这样向孩子讲述，他们很难理解，因此需要根据他们的年龄，用符合他们认知水平的方式加以说明。例如：

“学习这种事情，只做一次的话很快就会忘记。但是今天课堂上学到的汉字，即使你长大了也还要继续用。老师把它们布置成作业，是为了让你记住，以免将来读书、学习时看到它们却不认识。”

这样解释的话，即使是小学低年级的学生，也能理解为什么在学校学过的汉字还要反复练习很多遍。

在此基础上，父母要教会孩子学习的步骤。

“首先，把汉字练习本和笔记本放在桌子上，然后打开作业那一页。接下来回顾一下汉字的笔顺。然后开始书写练习，就能够写得更好、更快哦。”

用这种方式进行沟通，孩子能够更加顺利地开始做作业，而不会产生畏难情绪。

安排能力和元认知能力

想要计划或安排得到执行，元认知能力依旧不可或缺。若孩子的元认知发展程度高，那么无须父母追问作业情况，他们也能够自主安排学习。

安排能力和元认知能力是相互作用、共同发展的关系。当孩子具备有计划地做作业的能力，元认知能力也会相应发展，变得更能发现学习的乐趣，最后无须父母提醒就会自己主动开始做作业。所以，激发孩子的好奇心很重要。

相反，在孩子的元认知能力得到发展之前，父母一味地催促“作业完成了吗”，通常会让孩子更加抵触作业，剥夺他们发展元认知能力的机会。

如果孩子这种状态一直持续到成年，那么即使是周围人轻而易举就能完成的问题，他们也会觉得困难。

一旦孩子开始写作业，父母就不需要一直陪着，偶尔问一下“怎么样？能懂吗”或是夸奖一下“哇，字写得真漂亮啊”就足够了，让孩子自己感受由不懂到懂的喜悦。

当然，父母在整个过程中都不要说“还没完成吗”之类的催促的话。即使发现孩子总是转铅笔玩等情形也不要着急，或许孩子头脑中正在紧张地思考。

当父母觉得孩子注意力不集中时，可以及时告诉他“有什么不懂的地方可以问我”，或者给他递上饮料和点心，问他“要不要休息一下”，用这种直接的方式表达自己的关心即可。

37

对那些不想学习，还总是问“我能玩游戏吗”的孩子

✕ 努力的妈妈

“学习完，就可以玩游戏了。”

○ 智慧的妈妈

“你想先学习然后玩游戏？还是先玩游戏再学习？”

即使父母给孩子定下“先学习后玩游戏”的规矩，孩子往往也会在不知不觉间打破它。

孩子小的时候还肯听妈妈的话，但随着年龄的增长，他们会逐渐形成自己的想法。

这时的他们已经会朝着有利于自己的方向解释规矩。

我遇到过这样一个现实的案例。

有个家庭定了“学习后玩游戏”和“游戏时间是每天一小时”的规矩，但是有一天孩子玩了近两个小时没有停止。第二天妈妈说：“你昨天没有遵守游戏时间，所以今天不能玩游戏。”这位上小学四年级的儿子当即回答：“不让我玩游戏，我就不学习。”

还有一次，孩子说：“我今天不想玩游戏，所以学习也就算了吧？”

虽然妈妈批评他：“学习是为了自己，不是为了游戏！”但孩子已经把玩游戏视为学习奖励，对妈妈的话充耳不闻。妈妈虽然生气，却也无可奈何。

这种时候父母到底应该怎么做呢？

引导孩子自主学习的技巧

我们一直强调，重要的是“培养孩子的自主意识”。父母要善于利用孩子“倾向做自己决定的事”的心理。

举例来说，父母可以询问孩子：“你想先学习然后玩游戏，还是想先玩游戏然后学习？"让他们决定先做哪一项。

即使孩子回答："我玩完游戏再学习"，父母也不要急着说"那不就没有时间学习了吗"之类的话。因为这样的话会打击孩子的自主意识，对孩子的成长毫无益处。

这种时候，要再给孩子一次自主安排的机会。父母可以提前和孩子商量，让他们自己决定游戏的时长。

话虽如此，如果只是单纯地问"你想玩多少分钟"，他们可能会随口回答"2 小时""3 小时"等。

这时正是提升孩子"安排能力"的好机会。父母可以这样引导：

"晚上 10 点是你上床睡觉的时间对吧。在那之前，你吃饭、洗澡就要花一个半小时。现在是 5 点，也就是说你还有 3 个半小时。这段时间你要学习，还要玩游戏，我们怎么安排呢？你学习需要多久？"

可以像这样，试着从睡觉时间开始倒推，一起和孩子制定时间表。然后把它写在纸上，贴在醒目的地方。

即便如此，孩子仍有可能沉迷于游戏。不知不觉间就玩到了睡觉的时间，甚至没有学习。这种时候，要给孩子发现问题的机会。最有效的办法是"说明和引导性的管教"。例如：

"像今天这样利用时间，好像效果不太好啊。我们应该怎么办？”

“我觉得我们需要改变规则。”

“你怎么想？”

父母通过以上这种引导式的提问，就会让孩子主动思考明天起该怎么做，并相应调整自己的时间。坚持这一引导方式，让孩子学会客观地看待自己，是促进孩子元认知发展的绝佳机会。在此基础上，父母再分享类似的经验，例如：

“我有一个建议，先学习然后玩游戏怎么样？你先完成学习，不就可以没有心理负担地享受游戏了吗？”

这样一来，父母的话才能真正在孩子心里落地生根。

38 对总是问“如果我考得好，你会奖励我吗”的孩子

✕ 努力的妈妈

“要是考100分，我就奖励你零花钱。”

○ 智慧的妈妈

“从今天开始努力学习的话，你觉得这次考试能考多少分？如果考到这个分数，我就给你奖励。”

孩子考试得了满分，父母往往会满心欢喜。之所以好成绩让父母感到骄傲，是因为这是孩子努力的证明。

可话说回来，若孩子没有考到满分，是不是就代表他没有努力呢？

当然不是这样。说不定孩子已经在备考以及考试中尽到了最大的努力。为人父母若能够这样想的话，面对孩子考试成绩的提升，想必才能真心感到喜悦，不再吝惜对孩子的赞美之词。

通过考试培养儿童的元认知能力

面对孩子的考试，父母首先要看的不该只是分数，而是孩子当下具备的实力。对于父母来讲，最重要的是了解孩子已经掌握了哪些知识，还有哪些没有掌握。在此基础上，帮助孩子发展他们的元认知能力。

当父母看到孩子带回来的试卷时，首先要表扬孩子完成得好的地方。

“这里、这里都做对了。这么困难的内容你都掌握了，真了不起。”

在查看试卷内容的同时，父母要通过有针对性的语言给予孩子表扬，让孩子感受到父母对他付出的努力的认可。需注意，表扬时切忌流于表面，应当有具体的内容，比如明确地告诉孩子:“你这里解答得很好”。

其次，父母针对试卷上孩子没有发挥好的地方提出问题，例如“这道题很难吗？我们一起想一想”，帮助孩子找出“不懂”的原因。这样一来，“前一个单元就没理解”“考试时没有读懂题意”等思维上的盲点才能浮出水面。

通过这种方式，孩子能不断积累从不懂到懂的经验，其元认知能力也能得到相应的发展。

孩子们天生好奇心很强，对于那些既能带来成就感又有趣的事，总是兴致盎然。像这种出于自己的意愿做出行动、生出动力的要素被称为“内在动机”。

摆脱“为了得到奖励而学习”的方法

但是，如果跳过这些过程，直接把满分设定为唯一追逐的目标，会发生什么呢?

如果父母不了解孩子当下真实的实力，武断地定下让孩子务必考取满分的严苛目标，孩子可能会在重压下逐渐失去自主探索、主动求知的意识，学得越来越艰难。

有些父母希望孩子努力学习，于是就为孩子设定目标，比如“考取 100 分，就奖励你多少钱”之类的功利性目标。

但是，这样无法培养出孩子认为“学习的过程很有趣”的心态，反倒会让孩子们形成“要是有奖励，就努力学习”的想法，单纯为了报酬而学习。

奖励并不是不可以。“能够得到奖励”“父母、老师的命令”等因外部报酬或强制要求产生的动机被称为“外在动机”。

外在动机和内在动机并不是相互对立的关系。通过提升孩子的自主意识，外在动机最终也可以转化为内在动机。

即使学习行为最初源于奖励等外在动机，但如果孩子能够自主设定目标，体验到学习过程中蕴含的乐趣，也能逐渐明白学习有助于自我提升，最终自主自发地学习，形成内在动机。

因此，如果打算采用奖励这种激励方式，一定要设定与孩子当前能力相匹配的目标。这种时候依然要注重激发孩子的自主意识。

比如，当孩子说“老师说要组织一次50道题的汉字测试”，父母用类似话术引导的话，就能培养他们“学习很有趣”的感觉。

①设定目标。

“什么，有50道题！那要用什么办法攻克它们啊？”

“这样啊，如果你能按照这个方法坚持到底，就能得到奖励哦。”

②在此基础上，父母需认真观察孩子的学习状态，适当帮助他们解决不懂的地方。

如何培养儿童的“情商”

即使是在当下这个时代，“学习的终极目的就是为了升学考试”的观念也依然根深蒂固。

长期以来，社会众多人士都十分关注智商（IQ）。

尽管智商和学习成绩的相关性并没有人们想象中那么高，但智商越高，记忆力越好，语言能力和逻辑思维能力、数学方面的智力也就越高。因此在考察记忆力、语言能力及逻辑思维能力的考试中，智商较高的人更有优势。

然而自 20 世纪 90 年代以来，EQ（情商）开始受到全世界的关注。因为人们逐渐明白，对于那些在社会生活中活跃程度高、适应能力强的人，仅看智商无法全面评价他们的能力。

事实上，有很多人通过了严格的升学考试，顺利从大学毕业，却无法适应走进社会后的生活。

智商代表智力的发展，情商则从“情绪”的角度对人进行评价。尤其在商界，高情商被视为领导者的关键素质。

因为高情商意味着更高的情绪控制、察言观色、保持良好的人际关系等非认知能力（无法通过学力测试等量化的心理能力，也叫社会与情感能力）。这表示他们具备更高的社交能力和生存能力。

经济合作与发展组织（OECD）的相关研究成果表明，那些经济实力强的人，在幼年时期就适度发展出了一定的非认知能力。后续持续跟进的研究也进一步显示，非认知能力强的孩子在学术道路上也会走得越来越顺利。

那么，应该如何提高孩子的非认知能力呢？其中最为关键的一点，便是要创造条件，让孩子从小多和朋友一起玩。

通过与人面对面地表达想法，哪怕其间偶尔会发生争吵，孩子也能在潜移默化间培养出与朋友沟通的能力和不屈不挠的品格。与此同时，孩子也能在这一过程中逐步掌握控制自身情绪的技巧。

这是无法靠趴在课桌上学习、上补习班、特长训练等方式来实现的。

现在的孩子们，从周一到周日都忙着补习、上课、参加社团活动等，玩耍的时间越来越少。

在充斥着大量人工干预的时间里，孩子的心智能力很难得到发展，反而是自由玩耍的时间对心智成熟更有帮助。

一直以来，人们都说“玩耍是孩子的工作”。知识学习固然重要，但应把握适度原则，不能过度挤压孩子玩耍的时间，多让孩子与朋友们在一起玩耍，对孩子的未来大有裨益。

39 对刚拿到成绩单的孩子

✕ 努力的妈妈

“听说 ×× 小朋友全都是 5 分。太厉害了。”

○ 智慧的妈妈

“上次全都是 3 分，这次都有 4 分和 5 分啦！”

我们已经进入一个多元化的时代。“多样性”一词如今被用在各种场合。多样性倡导的是认可人与人之间的差异，不排挤与自己不同类型的人，在求同存异的基础上和平共处。而要切实做到这一点，宽容和尊重他人就显得尤为关键。

然而，当下的孩子们仍然生活在一个充满竞争的社会中。学习的尽头是考试，促使家长们努力让孩子们意识到竞争的存在。

“×× 人升入名校！”“成绩提升 ××%！”许多父母被这样的补习班广告吸引，给孩子报了名，所做的一切都是为了把孩子送进更好的学校。

绝不能和“别人家的孩子”做比较

父母越是希望自己的孩子努力学习，就越是关心其他孩子的成绩。

“听说 XX 全都是满分。太厉害了！”许多父母可能以为把这些信息告诉孩子，他们就能发奋图强，奋起直追。

不幸的是，这样往往只能产生相反的效果。

因为父母这句话的潜台词是“为什么 ×× 全都是满分，你却没做到呢”，以这种方式间接否定了自己的孩子。当父母谈起成绩好的孩子时，孩子会觉得父母是在拿自己和对方做比较，指责自己不如对方聪明。

这种思考方式可并不是孩子专属。

比如孩子说“×× 家的饭菜，每天都特别丰盛，十分可口”，父母会不会觉得孩子是在嫌弃自己做的饭难吃？

孩子也是一样。即使父母没有比较的意思，但如果当着孩子的面谈论其他孩子，他们也会觉得自己在被拿来做比较。

“绩效目标”与“精熟目标”

有两个术语叫作“绩效目标”和“精熟目标”。

通俗来讲，绩效目标秉持的是“绩效（结果）代表一切”的理念。比如，通过比别人更优秀，做事情取得更好的结果，借此成为“了不起的自己”。反映到目标设定上，就是“所有科目都达到优秀”“成为班级第一”“考试得满分”和“不输给那个孩子”等。

绩效目标总是把自己摆在和他人竞争的位置上，因此给人带来很大压力，让人容易为可能出现的坏结果而忧心忡忡。

相反，精熟目标的理念是“掌握（习得）的过程很重要”。

“今天记住从这里到这里的汉字。”

“每个科目的练习题都做一页。”

“能够流利地朗读课文。”

这种着眼于掌握知识本身，每天都比昨天成长一点，重视过程大于结果的方式才是精熟目标的体现。这是把学习的重心放在了自我成长上。

精熟目标旨在每天都能有所成长，这也有助于提高孩子的自我肯定感。

如果父母希望孩子努力学习，和他们沟通时最好尽量贴近精熟目标。比如：

“上次都是 3 分，已经很不错了。这次更棒，已经有 4 分和 5 分[1]了！”

“上次这门课是 4 分，这次拿到了 5 分啊。”

父母们应当采用以上这种沟通方式，关注孩子自身的成长和变化，而不是只盯着考试成绩，与别的孩子做比较，这样才能提升孩子的动力和信心。

1　日本有些科目的评价是 5 分制。（译者注）

40

对总是改不了考试粗心毛病的孩子

努力的妈妈

“怎么总是犯同样的错误啊……”

智慧的妈妈

和孩子一起思考犯错的原因，讨论改进的措施，告诉他们“没事儿，是人都会犯错误。只要能改正就好！”

许多孩子在考试时总是犯同样的粗心错误。例如，解答数学应用题时忘记写单位，被扣一分；写汉字该出钩的地方却遗漏了，被扣一分；英语作文忘记加标点，被扣一分；设问里要求“用符号作答”，作答时却用了文字，又被扣分……看到孩子因为这些粗心的错误而被扣分，许多父母忍不住会埋怨一句“这孩子怎么老是犯同样的错误啊”。

然而，重复犯错正是元认知不成熟的表现，父母应该明白这一点。与其抱怨孩子因为犯错而失分，不如和他们一起思考犯错误的原因，帮助他们提升自身的能力。

举例来讲，如果孩子在解答数学题时经常忘记添加单位，父母可以提出改进建议：

“做完题后要不要再多检查一遍呢？尤其是在最后，把答案挨个确认一遍，看有没有添加单位。”

再比如，当孩子用文字解答了必须用符号作答的问题时，父母可以这样说：

“下次你这样做吧，每道题的题干都最少读两遍。”

“以后我们读题的时候，在重要的地方都划上下划线吧。”

告诉他们如何避免错误也是好的办法。

当然，即便父母告知了方法，孩子可能还会继续犯错。作为父母不能急于求成，更不能自认为只要讲过一次，孩子就不会再犯同样的错误。要知道，孩子能够主动认识到错误，需要其元认知能力的发展，这需要经验和时间的积累。

另一方面，父母也不能一直揪着错误不放。无论是成人还是孩子，因错误而受到批评时都会感到沮丧。随着孩子元认知的发展，犯错的次数会逐渐减少，所以父母无须着急，以轻松的心态接受现实就好。

不过当孩子因一个错误而与满分失之交臂时，父母往往会很惋惜：

"好不容易才拿到 95 分。"

"这个错误真是太可惜了。"

考 100 分固然很了不起，但如果父母忽视 95 分的成绩，眼里只看到错误，孩子就会感到失望。好不容易得到 95 分，却成了打击孩子自我肯定感的因素，未免过于得不偿失。

父母要想避免出现这样的错误发言，就不要把谈话的重心放在 100 分上。如果只在孩子考试得到 100 分或运动表现出色时才表扬他们，这种表扬便是有条件的，会让孩子缺乏安全感。因为孩子们总是强烈希望得到父母的认可。

用"考了 100 分，太棒了！"的方式夸奖，孩子会觉得如果考不到 100 分，父母就不会认可他们。

要消解这种不安，就要时刻让他们感受到父母无条件的爱。比如父母可以对孩子说：

“能做你的爸妈，我们很开心。不管你读书好不好，是否擅长运动，爸妈都爱你。”

在此基础上，父母需要思考希望孩子成为什么样的人，确定大的方向，全心全意地抚养孩子。

众所周知，若想让孩子成长为大方自信的人，如果每次考试出错都训斥他“为什么总是犯同样的错误”，效果只会适得其反。

跟在孩子屁股后面一味催促他们“好好学，加油干”，也难以培养出自信的孩子。因为在这个过程中，孩子没有培养出自我肯定感。

父母应当笑着鼓励孩子：“没事儿，是人都会犯错。只要能改正就好！”这种包容的态度能给予孩子安全感。

因为父母是孩子最好的榜样，其言行举止终将内化为孩子的自我认知模板。

41 对开心地叫着“快看！我做成了一件超棒的事”的孩子

✕ 努力的妈妈

“那么高兴干什么。这点小事儿，本来就应该做好。”

○ 智慧的妈妈

“真是太棒了！这么困难的事情都能做到了。”

“快看！”

“我做成了一件超棒的事情！”

孩子们经常会到父母面前炫耀自己做到的一点事情。

因为他们打心眼里希望得到父母的夸奖。毕竟每个人在受到表扬时都会感到开心。当然，自我肯定感也会提升。

心理学研究表明，只要孩子体验到成长感（不与他人比较，自己比以前成长得更优秀）、成就感（帮到了某人）和自我效能感（只要尝试，自己就能做到），自我肯定感就能不断得到提升。

此外，如果父母经常围绕孩子自身的成长情况做出表扬，能够逐渐培养出孩子基于“我本来就足够好”（good enough）的核心自信。

“过度表扬孩子”有坏处吗？

不过，我们留意到一个现象，那就是不擅长赞美别人的成年人越来越多了。“妈妈，爸爸。夸我夸我！”孩子这样说时，有些父母会回答：“这点小事儿，会做是理所当然。”这样一来，父母就轻易错失了夸奖孩子的机会。

父母之所以不夸孩子，或许是担心夸奖太过，孩子就会变得夸夸其谈、自吹自擂。

父母的心情可以理解，但实际上这种担心毫无必要。

研究显示：从儿童期后半段到青春期，大多数孩子的自我肯定感会出现自然回落。

这是因为当孩子到了青春期，向朋友分享成就时，常常被朋友嘲讽"这有什么大不了的"或"是个人都会"，像这样让孩子自尊心受挫的情形时有发生。

在这一阶段，孩子的自我肯定感会明显下降，不再觉得自己足够好，无法像小时候那样认同自己。

为了防止这种情况的出现，父母要从孩子小的时候就要注意多表扬。那么，即使他们在青春期感到沮丧或自卑时，也能够及时切换心态，保持平常心。

所以，当孩子兴奋地喊着"看，看！"来找父母炫耀时，父母首先要做的就是给予真诚的肯定，先发自内心地夸奖一番吧。

营造互相称赞的环境

在略显传统的家庭里，家人之间似乎很少互相称赞。我的许多学生也不习惯相互称赞，所以我们常在课堂上玩"互相夸"的游戏。规则只有一条，那就是不能否定任何人，始终秉持着肯定、夸赞的态度。

赞美过别人，不久后，同样的善意也会回馈到自身。即使不是来自被赞美的人，也可能是来自其他人。因为赞美者营造出了"赞美他人"的环境。处在互相赞美的环境中，人与人便能够相互关心，一起和谐地生活。

还有一点很重要，那就是以开放的心态接纳赞美，而非过度谦虚，并且要互相尊重。

其实，只要我们想要做出改变，任何时候都来得及。受到表扬时，你完全可以大方地回答："谢谢。你的认可让我很高兴。"可别小瞧这句话，有时候一个人的心意，会因这句话而改变。心意变了，自身也会随着改变。相应地，与周围人的关系也会改变。只需一句话，就能让自己开心，也会在周围人的心中播下幸福的种子。

总之，一切美好的改变或许只需要从一句话开始。

父母的自我肯定感与孩子的自我肯定感直接相关

研究表明，如果父母缺乏自我肯定感，孩子的自我肯定感也会降低。

所以，要培养孩子的自我肯定感，父母首先要自我提升。不妨时不时地表扬自己，比如"我是一个不错的妈妈"或"我是一个非常好的爸爸"，父母通过不断的自我认可和自我鼓励，也能提升自身那种基于"我足够好"的自我肯定感哦。

42

对觉得“我不管做什么都会得到妈妈的夸奖，她也太没原则了吧”的孩子

✕ **努力的妈妈**

“……”（找不到言语来回应）

○ **智慧的妈妈**

“这样吗？听起来很没原则吗？嗯，可妈妈就是那么想的，你就是那么优秀啊。”

获得真诚的表扬和认可，对于孩子培养自我肯定感很重要。然而随着孩子不断地成长，他们通常会开始怀疑父母：“你真的这么想吗？”并且认为自己已经看穿了父母的小心思。这证明孩子的思考能力在成长，是值得高兴的事。

不过，即便父母意识到夸奖对于促进孩子的成长有着重要的作用，但如果只是浮于表面的夸奖，很容易就会被孩子看穿：

“我不管做什么都会得到妈妈的夸奖，她也太没原则了吧。”

“爸爸的话听上去就很假。”

孩子越长大，就越能敏锐地感受到父母对自己的看法，并且很容易就能看穿父母的口不对心。而一旦被拆穿，父母往往无言以对。这样一来，无疑让孩子更加印证了自己的想法。

那么，父母遇到这种情况该如何应对呢？

尽最大努力忽略孩子的评论

哪怕被孩子说“没有原则”“听上去很假”，父母也完全不需要介意。保持坚定的态度，回复孩子：“真的吗？听起来很没原则吗？嗯，可妈妈就是那么想的，你就是那么优秀。”就可以了。

如果父母想让孩子在未来即便被戳到痛处、遭遇挫折时依然坚持自己的想法，父母首先要做到内心强大。

有的妈妈说：“即使我拼命表扬，孩子也没有表现得很高兴，我都搞不懂为啥还要表扬他了。”

孩子们即使得到表扬，也很少会直白地说出“妈妈，谢谢你这么理解我”之类感谢的话。但其实，“父母十分珍惜自己”这一情感认知已经充分传达到了孩子的内心深处。

正是在这种潜移默化的情感渗透下，孩子的自我肯定感才能够不断得到提升。

触动孩子心灵的表扬方式

怎样的表扬方式能够让孩子产生共鸣呢？主要有四个关键点。

①表达内心

表达内心并不是想到什么就说什么，要考虑到对方的感受，选择适合的表达方式，将自己内心的想法传达给对方。

②表扬内容要具体而详细

举例来讲，对于擅长算术的孩子，不能笼统地夸赞他：“你的数学真棒”，而是认真观察他擅长算术的哪一部分，用具体且简单易懂的方式来做出表扬。

比如，“乘法口诀表背得真流利，真了不起！”“应用题做得不错，说明你理解能力很强”等。

不仅是在学习方面，在孩子的人际交往、体育运动等方面都可以应用这种表扬方式。对于孩子做得好的部分，父母要及时发现，并给予高度的认可。

相反的，如果孩子不擅长语文，那父母就得尽力去挖掘孩子的闪光点，比如夸赞孩子“你的字写得很漂亮”，或者“朗读课文时感情很丰富”等，通过这种方式来消解他们“不擅长”的感受。

父母可千万不能说“你这孩子语文就是没天分”之类的话。因为孩子会信以为真，生出“既然没天分，那就不要学了”的负面情绪。

③赞扬过程而不是结果

比如不要等到孩子完成作业后才去表扬他们，而是在他们做作业的过程中表扬他们“真努力”。只有关注过程，父母才能够得到更多的表扬机会，孩子也可以培养出勇于挑战困难的精神。

④认可孩子

即便是成年人眼中的小事，只要孩子用心去做了，父母也要适当表扬他们“太棒了”或“这想法真有趣”。总之，父母充分表达对孩子的关心和认可非常重要。

只要每天多多表扬孩子，培养他们的自我肯定感，给予他们爱，孩子的心智就会快速成长。

43

对即将参加考试的孩子

✕ 努力的妈妈

“加油哦！”

○ 智慧的妈妈

“你已经尽力了，今天放轻松应考就可以！”

“加油哦”本来是一句充满鼓励意义的话，潜台词是“只要你付出努力，就会变得比现在更好”。因此这句话本身没有什么问题。

但是，说这句话的时间点很重要。

比如在孩子参加考试当天的早上或一场重要的比赛之前，如果父母说“加油哦”，孩子往往会感受到压力，觉得父母在要求他们“取得好成绩”“赢得比赛”。

假如孩子好不容易坚持到现在，紧要关头还被要求要继续努力，孩子心里恐怕不会好受。

当然这和孩子的性格也有关系，但对于认真、努力的孩子来说，最好能说一些让他们感到安心、减轻压力的话语。例如：

“你已经尽力了，今天放轻松应考就可以。”

“加油哦”三个字中隐藏的可怕风险

此外，如果使用不当，“加油哦”这句话还存在着可能导致孩子出现“习得性无助”的风险。

普通的无助感通常源于“我能力不够”的想法。这时父母可以安慰孩子：“你并不是没有能力。不过是稍微欠缺努力而已。只要加把劲，一定能做好。一起加油吧。”

当孩子理解问题的根源不在于能力不足，而在于努力不足时，就会转换成“如果我努力，也能考取好成绩”的心态。

但这里有一个关键点，就是努力和成功是联系在一起的。

如果努力之后的结果是失败，孩子又会回到“果然还是我无能”的想法当中，进而产生比开始时更强烈的无力感。

这就是所谓的“习得性无助”。

一旦形成习得性无助，孩子通常会觉得做任何事情都毫无意义，甚至失去试图逃离当前处境的意愿。

因此，如果父母想要提高孩子的积极性，最重要的是强化努力与成功的关联性。和孩子沟通时不是一味强调“加油哦”，而是告诉他们“因为你很努力，所以才取得了现在的成绩”。

但事实上，即使很努力，也有可能会失败。这是为什么呢？其中主要原因就在于目标设定超出了孩子当前的能力。

比如对平时成绩 60 分左右的孩子说“下次努力争取考到 100 分吧”，冷静地想一想，就会发现这很难成功。

然而有些父母们往往比较“贪婪”，认为“我的孩子有能力，所以只要努力，考 100 分不是梦”，并告诉孩子“我相信你能做到”。

这种做法很危险。它很可能让孩子因为考砸了而产生习得性无助。

那么，究竟该如何帮助孩子积累成功经验，提高孩子的积极性呢?

通过积累成功经验提高孩子能力的方法

苏联心理学家维果茨基（1896—1934）提出了著名的“最近发展区理论”。

这一理论认为，儿童在成长发展进程中存在两种水平。一是孩子可以独立完成的极限水平，二是在他人帮助下，孩子能够达到的水平。二者之间的差距被称为“最近发展区”。

具体来讲，首先让孩子自己决定他能够独立完成的任务。接下来训练他大量完成能够独立解决的问题，以积累成功的经验。

在此基础上，让孩子尝试在成年人的帮助下解决稍微高于他当前水平的问题。同时鼓励他:“因为你这么努力，所以现在才能解决这么难的问题哦。”通过这种方式，他逐渐就能独立解决这一水平的问题了。

如此反复，虽然过程有些慢，但孩子的能力能够得到切实的提升。

通过这些成功经验的积累，孩子会切身体验到做成一件事情的快乐，从而感受到学习的乐趣，会越来越喜欢努力的感觉。

“加油哦”怎么用才有效

沟通时把努力和成功联系起来！
现在能做到××，是努力的结果哦！
这么久的努力终于有回报啦！你连这么难的问题都能解答了呢！
不断体验到成功的快乐后……
加把油，说不定我也可以！
100
学习还蛮有意思的呢！
孩子喜欢上努力的感觉

当你很想催促孩子“快去学习”时

如果父母满心焦急，正打算催促孩子“快去学习”时，那么请停下来想一想“人为什么要学习”这个问题。

是不是觉得孩子进入好的高中，考上好的大学，找到一份好工作，将来就能获得保障，过上幸福的生活？

还是说由于不确定未来，只能先督促孩子学习，来为自己求个心安。

我们先来剖析一下，学校为什么会有排名？排名是显示学生在参加考试的人群中所处位置的数字，是一个将自己与其他人进行比较的数字。然而，根据一个数字来判断孩子的学习能力，这种方式本身可能就存在局限。

现实情况是，考上好大学、进入大公司的人并不一定都过着幸福的生活。

当今社会，价值观已经变得多元化，每个人心目中的幸福也各不相同。父母和孩子都拥有独立的人格，所以父母认为的幸福未必就是孩子想要的幸福。

我曾经听一位大学教授说：“我所在大学的学生，在各自高中时的成绩都是数一数二。然而在通过严格的入学考试，进入大学后，有一半的学生才发现‘比自己聪明的大有人在’，因此体验到挫败感。有些人甚至不敢再来学校。”

如果学习的目标是进入好大学，那么在实现目标后，孩子很容易就会迷失自我，想不通接下来要为了什么而继续学习。

此刻，父母想象一下孩子未来可能会面临上述那样的困境，或许就能意识到，把孩子绑在书桌前，逼迫他们学习的行为毫无意义。重要的是帮助孩子获得学习的乐趣，在此基础上培养他们发现梦想的能力，帮助探明他们最感兴趣的领域。

为了实现这一目标，充分激发孩子们的求知欲至关重要。

孩子们往往充满了好奇心。因此，父母可以通过简单的观察或表达兴趣来激发他们的求知欲，例如，当孩子学习时，父母偶尔看一看，说“内容很深奥呢”或“看起来很有趣”等类似的话。

当孩子说“我不明白”或“我想了解更多”时，父母可以和他们一起查图鉴或字典，或者去图书馆、博物馆开阔眼界。

父母不需要成为孩子的老师，也没有必要过分指导孩子的学业。

因为孩子需要的是能够与他们一起思考、一起享受学习的父母。

第5章

让父母和孩子都开心的语言艺术

44

对总是挑食的孩子

✕ 努力的妈妈

“怎么可以挑食呢？”

○ 智慧的妈妈

“×× 宝贝，你的碗里剩了一些西红柿呢，你觉得西红柿应该怎么做才好吃呢？”

规矩教育也是管教工作中的一个重要部分。

所谓规矩，从礼仪的角度来说，就是指一个人的言行举止和礼节。想要孩子步入社会后一切顺利，父母就要让孩子从小养成好的行为习惯。

尤其是在用餐时，要严格遵守餐桌礼仪。例如“不挑食”“不浪费食物”。这些用餐礼仪十分重要。

想要让孩子养成好习惯，莫过于反复提醒

如上所述，对孩子最有效的管教方式，就是用孩子能理解的具体语言反复说明。虽然不会立竿见影，却是管教孩子的最佳方法。父母只有反复强调，才能将这些话牢牢地印刻在孩子的心里。

所以，遇到孩子挑食这种情况，父母就需要用孩子听得懂的语言告诉他们为什么不能挑食以及为什么不能浪费食物。

只不过，要考虑到孩子此时正在吃饭，父母要是不停地在他耳边唠叨，就会破坏这难得的欢乐时光，并且很容易让孩子产生压力。而压力会影响孩子的胃肠功能，继而影响营养吸收。

之所以要教育孩子“不挑食”和“不浪费食物”，是希望孩子能通过均衡的饮食获得全面的营养，从而得到更加聪明的头脑和强壮的身体。所以，父母应避免太过啰唆，可以尝试一下用以下这种方式和孩子沟通。

“××宝贝，你的碗里剩了一些西红柿呢，你觉得西红柿应该怎么做才好吃呢？”

如果听到孩子回答“要是做成西红柿肉酱，我就会吃了”，那就可以继续问孩子“好的，那下次妈妈给你做一些美味的肉酱吧。如果你能吃肉酱里的西红柿，那是不是也可以吃番茄酱呢？”父母通过这种方式跟孩子沟通，就能逐渐找到让孩子愿意吃这种食物的方法了。

其实，西红柿中最重要的营养物质就是具有优秀抗氧化特性的番茄红素。番茄红素不仅耐高温，且加热后更容易被人体吸收。换句话说，只要父母想办法迎合孩子的口味，孩子挑食可能导致的营养摄入不均的问题自然也就迎刃而解了。

其实，孩子碗里出现很多剩菜的原因还有可能是父母给孩子盛了太多饭菜，他们吃不下了。可怜天下父母心，每一位父母固然都盼着“孩子吃得多、长得快”，不过倒不妨试试每次少盛一点，如果孩子不够吃，自会主动要求“再来一碗”，而且还会觉得很满足，很有成就感。

除此之外，需要教会孩子的餐桌礼仪还有许多。

孩子未来的价值观与父母的教育方式息息相关。然而，对于人类而言，饮食早已不单单是维持生命的必要活动，更是已经成为一种享受，一种生活中的乐趣。故而，父母在教导孩子的时候，也要时刻牢记这一点。这样就不至于在教育孩子时忍不住咆哮或是喋喋不休了。

例如，在看到孩子拿不好筷子时，有些父母会摆出正确的拿筷子姿势，然后非常严厉地指责孩子："筷子得这么拿才对！"当然，也会有与此做法截然相反的父母，他们会语气温和地示范正确的方式，同时鼓励孩子："如果你这么拿筷子，就可以夹起一块完整的豆腐啦。"

虽然说的都是同一件事，但只要改变一下语气和表达方式，就能在教导孩子餐桌礼仪的同时，依旧保持轻松愉悦的用餐氛围。

纠正孩子进餐姿势时也是如此，不能只是生硬地说一句："姿势不对！"

父母不妨耐心地告诉孩子纠正姿势的必要性，比如："吃饭时不要缩着背，这样我们体内的血液流动才会更加通畅，肠胃也会蠕动得更快一些，这样一来，×× 宝贝吃的美食就会变成营养进入你的身体和大脑哦。"

如此这般，孩子就会觉得"原来如此，那我就乖乖坐好吃饭吧"。

除此之外，孩子们还总喜欢在嘴里塞满食物时说话。

除了看起来不雅，更重要的问题在于，这么做很容易导致食物和唾液进入气管而非食道，严重时甚至会引发窒息。所以我们应该告诉孩子："要是噎住就很危险了，你会很难受，所以我们要等吞下嘴里的东西后再说话哦。"这其实也给了孩子学习良好说话习惯的机会。

45 对说“肚子饱了”，吃不下父母做的饭的孩子

✕ 努力的爸爸

“吃那么多零食，当然吃不下饭啊！”

○ 智慧的爸爸

“我做了一份特别的咖喱，本来以为我家宝贝会很喜欢呢，结果她居然被零食给喂饱了，唉，爸爸可伤心了。”（配上假装抹眼泪的动作）

“别吃这么多零食，不然就吃不下饭了。”

这种话无论父母重复多少遍，孩子也依旧充耳不闻。这是因为孩子还不会控制自己的食欲。所以，只要见到“看起来很好吃”的东西，孩子就会忍不住伸出手去拿，而且一旦觉得好吃就会一直吃到饱。

其实，这是孩子的天性使然。

即便是大人，偶尔也会出现类似的行为啊。大家常说“甜点像是进入了另一个胃”，意思就是“只要开始吃甜点，就完全停不下来”，可明知这样不好，也依旧控制不住自己的食欲。

无论大人还是小孩，面对“看起来很好吃”的东西，抵抗力都近乎为零。

如果实在不想让孩子在饭前吃零食，那就把所有看起来“很好吃”的东西藏起来，别让孩子看到。

这算得上是最行之有效的办法了。

耐心地告诉孩子“为什么不能吃太多点心”

那么，父母不希望孩子“在饭前吃太多零食”，究竟是出于什么原因呢？

其一，应该是希望孩子能够均衡地摄入营养。既然如此，不妨耐心地向孩子解释为什么希望他们吃这些食物，或许孩子也能更容易理解一些。

“这种蔬菜富含维生素，可以让你不生病哦。但是点心中基本就没有这些营养物质了。”

不过，如果孩子依旧表示“我已经吃饱了，实在是吃不下了”。那就别强迫孩子进食了。因为人在顶着压力进餐时，肠胃功能以及消化和吸收食物的能力都会下降。不仅如此，孩子还会觉得自己是在“被迫吃东西”。这可能会给他们带来一定程度的心灵创伤。

例如，曾经有些学校的老师往往会让没吃完午饭的孩子们在午休时间继续吃饭，但现在，这种做法被视为一种体罚行为，被明令禁止。

用幽默的方式说出能给孩子留下深刻印象的话

除了前面提到的原因，父母希望孩子吃光饭菜，也可能是出于“好不容易做了孩子爱吃的饭菜，要是孩子能全部吃完就好了”的“创作者的心意”。这应该也是一个很重要的原因。

前几天，一位父亲对我诉苦道：“我辛辛苦苦给孩子做了一桌子饭菜，结果他在饭前吃了一堆零食，然后对我说‘我太饱了，吃不下了’，我顿时就气得不行。”

其实遇见这种情况，如果这位父亲能在表达自己内心感受的同时，加入一点幽默感，效果或许就截然不同了。

“我做了一份特别的咖喱，本来以为我家宝贝会很喜欢呢，结果她居然被零食给喂饱了，唉，爸爸可伤心了。”（配上假装抹眼泪的动作）

孩子一听这话，心里肯定暗自想：“我没有珍惜爸爸的爱，所以他现在似乎很伤心。”

所以，这种说法远比责骂孩子“饭前不要吃点心！”更容易被孩子记住，也会让父子关系变得更加亲密。

不过，如果孩子已经吃饱了，自然也就吃不下爸爸亲手做的咖喱了。因此，爸爸不妨在看到孩子吃零食之前，先给他们一点预告：

“啊，你准备吃那个零食吗？爸爸今晚准备给你煮特色咖喱哦，然后爸爸想听宝贝说很好吃，并且能多吃点儿。”

当然啦，或许有些家长就是想给孩子一个惊喜，但有时候，提前告诉孩子也是个不错的方法。要是即便这样，孩子还是想吃零食，那就给他规定好分量，比如：“好吧，那为了让你待会儿还能吃得下美味的饭菜，现在就只吃一块点心吧。”

孩子年纪小，还不会揣摩父母的心思和体谅父母的感受。因此，父母在表达这类想法时，语气不要太过强硬，建议用具体、通俗易懂、幽默的方式将自己的真实想法传递给孩子。这样一来，家庭氛围才能其乐融融，孩子的成长也能更加顺利。

46

对和父母一起吃饭时一言不发的孩子

×

努力的爸爸

“今天在学校过得怎么样？”

○

智慧的爸爸

谈论孩子最喜欢的话题

“那个，怎么会是那样的，太不可思议了吧。看来宝贝懂得很多啊，那快跟爸爸说说。”

吃饭，本该是件非常享受的事情。父母都希望能在吃饭时与孩子开开心心地聊天，尤其希望能从孩子口中听到学校里发生的事。

“今天在学校过得怎么样?”许多父母或许都会这么问。结果常常只等到了孩子说的一句“很开心啊”。

这还算好的，随着孩子慢慢长大，听到的答案可能就会变成:“为什么要问这个?”甚至是:“别老问这个问题好吗?”那么，从这些简短的回答中，我们能读懂孩子的哪些感受呢?

孩子封闭心灵的真正原因

其实父母之所以会问这个问题，是希望听到孩子告诉自己:“今天发生了好多有趣的事情呢”“课间休息时我和同学在操场上玩了这个游戏”或是“我考了好成绩”。

对于父母这种“我想听听你今天有什么进步”的期望，孩子其实是很敏感的。

但实际上，学校里并不是只有开心的事，或许更多的是烦心事。或是愁自己上课总是集中不了精神，或是苦于考试的成绩不理想，或是刚刚挨过老师的批评，或是刚刚和朋友闹过别扭。

如果在吃饭时谈到类似的事情，父母应该怎么回答呢?

如果父母能够理解孩子，温柔地来一句:“是吗? 那你很难受吧。宝贝真是辛苦了！”那么，就算不问孩子“今天在学校过得怎么样”，孩子也会像竹筒倒豆子似地说个不停。

然而，许多父母一说到这个话题，就会顿时变了脸色，追问道：“为什么会发生这种事？”“你怎么能这么做呢？”……接着就开始说教了，是不是这样？

这么一来，难得的亲子温馨时光就会被完全破坏，孩子也不再愿意开口。

如何拉近亲子距离，制造共同话题？

那么，父母在吃饭时可以与孩子谈论些什么话题呢？

孩子的成长年代与父母并不相同。他们知道许多父母不知道的事情。所以，当孩子听到自己熟悉且感兴趣的事情，尤其是父母觉得不可思议并主动开口询问的事情时，就会顿时变得口若悬河起来。

我也经常和学生交谈。前几日，我问一个学生：“为什么最近的歌手都喜欢边跳边唱啊？”紧接着，他就开始滔滔不绝地说起了自己的研究成果，从近几十年的歌手风格变化，一路说到了 K-POP 组合。

不要总是觉得“父母和孩子有代沟”，正因为有代沟，才需要贴近他们、了解他们，只有这样，共同话题才会越来越多。教父母会让孩子生出极大的成就感，父母也可以趁此机会向孩子学习。这也是一个增进亲子乐趣、创造共同话题的好办法。

吃饭时真的不能看电视吗?

我们时常会听到诸如“边看电视边吃饭会不会有损心智发育?”之类的疑问。或许每个人的看法各有不同，但我个人并不认为边吃饭边看电视是一件多么糟糕的事情。

事实上，结果是好是坏完全取决于父母的态度。“这个怎么样?”“很有意思啊!”如果父母能像这样，找到一个能与孩子共同思考、说笑和谈论的话题，那么边吃饭边看电视就能让餐桌气氛更加活跃。

相反，如果父母看电视看得太入迷，以至于孩子一说话就出言打断:“安静点，我都听不到电视声音了!”那么看电视就不适合这个家庭了。

换句话说，问题不在于电视，而在于父母使用电视的方法。看见孩子全神贯注地盯着电视时，只要提醒一句“筷子别停下来哦”就可以了，担心孩子打翻杯子时，也只要告诉他“不能放那里，小心打翻”就可以了。

当然，如果不用看电视也能开心地聊天，那就没有必要打开电视了。

在教导孩子时，切记不要死磕“必须这样做”或“不能那样做”之类的规矩，应根据孩子的情况灵活应对。

47

对晚上迟迟不想睡的孩子

✕ 努力的妈妈

“早点睡！”

○ 智慧的妈妈

“我们在被子里玩炒酸奶游戏吧！”
“宝贝今天会做什么美梦呢？”

“必须这么做。”

“必须那么做。”

在教育孩子的时候，父母总有一道道红线，觉得“某些事必须做”。为了让孩子能够健康、聪明地成长，相信许多父母都会主动地学习各种知识。

但是，一旦父母过分执着于“必须怎么做”，并为此不停地限制孩子的行为，那么这种做法本身就本末倒置，失去意义了。

例如，医生总是反复强调睡眠对孩子成长发育的重要性，并建议：“要让孩子在晚上 10 点前上床睡觉。”

牙医和牙科保健员总是反复强调：“为了防止蛀牙，父母要帮孩子认真清理后槽牙，直到孩子 10 至 12 岁长出恒牙为止。”

营养师总是反复强调营养的重要性，并指导父母该如何合理安排孩子的日常饮食。

专家们建议父母要在孩子 2 岁时教他们学会自己上厕所，对于更小一些的孩子，则会建议母亲坚持母乳喂养。

逐渐甩掉“必须这样做”的想法

如果父母一直纠结于这些“必须做的事”，就不得不时刻保持神经绷紧的状态，直到孩子睡着才放松下来。此外，孩子通常不会自觉地思考："接下来我应该做什么呢?"他们只会做想做的事，所以，当面对父母要求他们"必须做某件事"时，自然会反抗道"我不想睡觉"或是"刷牙太麻烦了。"

在"家"这个相对封闭的小圈子里，如果父母要时时刻刻用"你必须这么做"的思想来束缚孩子，那可真是太累人了。而且，父母还会习惯性地盯着孩子的一举一动。看到孩子让自己不满意的行为就会忍不住火冒三丈。人要是没有足够的心理缓冲空间，就会很容易变得暴躁。

遇到这种情况时，不妨试试逐渐甩掉"必须这样做"的想法。如此一来，父母自己也会变得更加松弛和从容。

毕竟，并没有科学研究数据表明，缺乏母乳喂养的孩子将来就一定容易生病或是精神不稳定；而且也不用过分在意如厕训练，孩子到了一定年龄自然就会自己上厕所了。

要让孩子拥有一颗能够感知幸福的心

想必，对于所有父母而言，督促孩子刷牙都是一件让人焦虑的事情吧。然而，父母的焦虑情绪其实很容易转移到孩子身上。那些过分追求孩子"没有蛀牙"的父母，很容易在卫生方面表现得过分紧张，要是让孩子也患上"洁癖症"，那可就更麻烦了。

建议在孩子上小学后，父母就告诉他们："龋齿菌会趁你睡觉时吃掉你的牙齿，然后就会变得很疼，所以你一定要认真刷牙哦。”如果父母有时间，也可以偶尔帮孩子刷个牙，忙碌时就让他们自己刷吧。

除了关注孩子的身体健康方面的“必须做的事”，孩子的心理健康和感知幸福的能力同样重要，专家们会在妈妈课堂或是父母课堂上传授许多知识，却往往忽视了心理问题。

哪怕孩子的牙齿再美丽整洁，身体再健康，可一旦失去了感知幸福的能力，就很难幸福快乐地过完这一生。因为幸福感是需要用心捕获的。

让孩子幸福应该是每一个父母的心愿吧，那么，我们首先要让孩子拥有一颗能够感知幸福的心。

为此，父母应该放下焦虑，尽量以轻松的态度面对孩子。在看待孩子的言行举止时，抛开“必须这样做”的固有观念。然后，你会发现，原来孩子的一举一动都是那么有趣、那么特别。

“早点睡！”——别再这么说了

孩子迟迟不肯入睡，可能是因为他们觉得“今天太有意思了，我可不想把时间浪费在睡觉上”。

如果是这种情况，可以邀请孩子“我们在被子里玩炒酸奶游戏吧”，然后和他一起打个滚，让他轻松入眠。也可以温柔地跟孩子说：“宝贝今天会做什么美梦呢？做梦是不是很有意思？”让孩子对睡觉充满期待。

在轻松愉悦的氛围中哄孩子入睡，远比责骂他们“快点去睡觉！”更能让孩子感到幸福，也能让孩子开开心心地结束这一天。

48

对在“疲惫的夜晚”依旧缠着父母“要听故事”的孩子

✕ 努力的妈妈

“你已经长大了，自己看书吧！”

〇 智慧的妈妈

“妈妈也想给你读故事听，但是妈妈实在太累太困了，所以今天可以先让妈妈休息一下吗？”

给孩子读故事，对孩子的心理发育有着许多积极的影响。不过，家长们千万别陷入“我必须这么做”的执念中。

在时间和精力都充沛的情况下，父母可以尽量多给孩子读故事，但如果实在没有精力，也可以将自己的难处直接告诉孩子，千万不要太过为难自己。

许多父母在听到“给孩子读书会让他们变得更聪明”时，都会暗下决心：“好的，我一定要每天都读书给孩子听。”

然而，这种决心往往会给父母带来一定的压力，实际上，给孩子读故事并非父母的义务。

如果从心理学的角度来剖析亲子读书的益处，那么最主要的就是增进亲子之间的沟通，也就是让父母和孩子得到一个能够加深彼此感情的温馨时刻。

那么，如果妈妈是在疲惫不堪的情况下，出于责任感而拼命打起精神读书给孩子听，恐怕也难以达成理想的亲子沟通成效。

不喜欢读书的父母该如何与孩子沟通

有些父母不喜欢读书，也有些父母不喜欢给孩子读书。既然“亲子间的温馨交流”可以促进孩子的心理发展，那么我们也可以做一些阅读之外的亲子互动啊。

例如，如果你喜欢音乐，那也可以与孩子一起听着音乐入眠，或者与孩子一起讨论:“下一个假期我们做点什么呢?”

重点是让孩子真切体会到当下的幸福。

应该给孩子读些什么书呢?

常有父母问我:“哪些书适合亲子阅读呢?”

答案很简单，只要找一本孩子感兴趣的书就好了。

孩子可以通过阅读获得更多模拟体验，并学习语言。读书的时候，尽量引导孩子体会书中人物的感受。

尤其是4岁以下的孩子，通常会认为“我知道的，别人也知道”，所以无法理解自己的想法和别人的想法有什么不同。因此，处于该年龄段的孩子很难体会他人的感受。

那么，父母就可以在给孩子读故事的时候引导他们思考:“这个孩子为什么会哭呢?”让孩子逐渐明白每个人的内心感受各不相同，应学会尊重和体谅他人的感受。

除此之外，孩子还可以学到更多的词汇和语言，不断丰富内心和思维。

这个世界上存在着许多不同的价值观，例如许多日本童话故事宣扬的都是牺牲自我的大爱。西方的冒险故事则多推崇“我能做到”的个人英雄主义，相信能通过自己的努力克服一切困难。虽说让孩子广泛阅读，了解价值观的多样性是一件很重要的事情，但在选择书籍的时候，也要有一些针对性，要考虑到哪些书可以成为孩子未来的指南针，为他们的人生提供力量和方向。

与孩子交谈时要避免“双重束缚”

此外，在与孩子交谈时，也要避免出现“双重束缚”。

双重束缚是一种通过传达两种相互矛盾的信息而使对方陷入混乱的表达方式。

例如，当孩子要求你读故事时，父母回答：“你已经长大了，可以自己看了吧！”而当孩子表示“我要自己做”的时候，父母又可能会阻拦：“你还是个孩子，怎么能自己做？”

许多父母都很容易陷入这种双重束缚之中。例如，刚说完“要是不早点睡觉，就会长不高哦”，没多久，可能又会敦促孩子：“隔壁的 ×× 小朋友每天都会学习到半夜。那孩子可真是太乖了。”

或者问孩子：“今晚想吃什么？”却又在孩子回答“汉堡”后拒绝他：“汉堡太难做了。”

如果这种双重束缚不断出现，那么孩子到了青春期以后，就会很容易对父母产生逆反心理。

孩子心里“大人总是这么任性”“大人只会考虑自己”之类的想法，便由此而生。

49

对手机不离手的孩子

✕ 努力的妈妈

“不要一直看手机，你这就是在浪费时间。”

○ 智慧的妈妈

“你喜欢看什么？”
“妈妈也想一起看。”

想必，孩子玩手机这件事，已然成了当代父母的一大“心病”。

我常听到父母们诉苦，说每当看到孩子沉迷于玩手机而不愿意学习时都会忍不住抱怨：“为什么要发明智能手机这种东西啊？”

那么，智能手机真的对孩子的发展“有害”吗？答案是否定的。

想必即使是大人，也能充分感受到智能手机带来的便捷。

因此，问题的关键，其实在于如何引导孩子正确使用手机。

例如，智能手机上有各种视频，孩子可以根据自己的兴趣来选择。除娱乐类的视频外，孩子还可以在手机上观看科学、生物、实验、社会问题、世界时事、新闻等方面的相关视频，接触到各种各样的观点和见解。

今天的孩子可以轻轻松松地获取到父母那一代人小时候无法获得的信息。

虽然现在的学生不乏“纸上谈兵”者，但不可否认，他们的知识储备量的确不容小觑。当下，许多学生都具备站在不同立场、从不同角度进行思考的能力。

父母那一辈，再亲密的同学或朋友都可能因为搬家或转校而失去联系，最终变得疏远。

但如今的孩子可以通过社交媒体与挚友们继续保持联

系。不仅如此，社交媒体的出现，还可以让我们与现实世界中联系不到的人进行对话。

为了与这些素未谋面的人顺畅沟通，建立良好的关系，孩子们还需要不断精进自己的沟通与写作能力。

“不要一直看手机，你这就是在浪费时间。”

父母在看到孩子玩手机时，总会忍不住这么斥责。虽然在父母看来孩子是在“一直玩手机”，但实际上，他们说不定是在获取只有通过手机才能得到的各种经验。

作为父母，在看到孩子玩手机时，不妨表现出好奇与关注。

“你喜欢看什么?”“我们一起看好吗?”

可以在孩子还小的时候坐在旁边和他一起看。但孩子长大后，可能就不愿意和父母一起看了，但父母也要继续表现出兴趣，例如在看到有趣的、观点正确的视频时说“哇，这很有趣”和“这些视频说得可真好啊”之类的话语，既能让孩子感受到认可，也能在一定程度上有效保护孩子免受网络不良信息的侵害，引导孩子学会正确辨别信息。

父母应先了解网络上的潜在危险

我在前文中也简要提到过，互联网世界暗流涌动，潜藏着诸多风险。

例如，网络上就存在着不少诸如“艾莎门”（披着动漫或战队英雄等少儿动画的外衣，实则包含不宜儿童观看内容的动画片）和“无意义视频”（毫无教育意义，单纯吸引儿童目光以赚取流量，实则是以广告为目的的视频）等。

父母应给予一定程度的监督，才能保护孩子免受网络潜在危险的侵害。同时，父母自己也要积极主动地了解网络中可能存在的危险。

不要因为“我对网络不太了解”就对孩子漠不关心。

通过制定规则来预防风险

毫无疑问，孩子相较于成年人，更容易陷入骗局。

我和小学五、六年级的小学生们一起做过一个角色扮演的游戏——“陌生人问路时该怎么做”。

当时我问他们：“如何分辨对方是好人还是坏人呢?”听到这个问题后，孩子们纷纷回答道：“好人说话有礼貌。”“问路的人手里会拿着地图。”……其实孩子们的观察力还是很敏锐的，但如果仅凭这些特征来判断对方的善恶，还是很难避免被骗的风险。所以，父母应该事先了解孩子的辨别能力，在此基础上告诉他要如何识别危险因素。

对于孩子来说，智能手机就像是个和蔼可亲又风趣幽默的好人。因此，父母在给孩子购买智能手机之前，就要详细向孩子阐释网络上隐藏的风险，保护他们的身心健康。例如，父母可以和孩子约定“只能在爸爸妈妈面前看手机”“每天只能看一小时”“只能看到晚上 10 点”或“不要把手机带进卧室”等，这样就能有效降低孩子在玩手机时受到网络不良信息侵害的概率。

50

对明知妈妈很忙却还闹着让妈妈陪着玩的孩子

× 努力的妈妈

“我现在很忙，等会儿再说吧。”

○ 智慧的妈妈

“妈妈也想和你一起玩。可是妈妈手里的工作还没做完呢，你能等妈妈到三点吗？”

对于不擅长与朋友交流的孩子来说，哪怕很想和朋友一起玩，但如果不善于表达自己的感受，也很难和朋友玩到一起去。而且，如果不能正确地读懂对方的感受，也很容易引起误会。也就是说，不善与人相处的孩子，往往在表达自我、揣摩他人的想法或情绪变化方面有所欠缺。

而且，孩子们的心灵还很脆弱，面对困难常常束手无措。研究表明，孩子在友谊这件事上往往会带有一种强烈的悲观情绪，例如感到不安、觉得被朋友疏远，或是觉得猜不透朋友的真实想法等。

亲子游乐是表达情感的绝好机会

为了避免或改善这种情况，父母在与孩子相处互动时，应尽量教会孩子如何表达自己的感情。

有些能力可以在与父母或朋友的互动中自然习得，但想要获得更加丰富的情感表达能力，就需要身边的大人给予帮助。

亲子互动，是孩子增加情感表达词汇量的绝佳机会。当孩子流露出各类情绪时，父母若能适时传授他们对应的词语表达，将有助于增加孩子的情感表达词汇量，让他们更快地学会如何准确表达情感。

另外，想要让孩子学会积极地表达自己的情感，就需要让他们积累更多的正面体验。

例如，如果孩子学会说："今天玩什么？""我很兴奋哦！"其实就是在表达这样的内心感受："太好啦！可以跟妈妈一起玩啦！"

当然，也会出现孩子满心期待父母能跟自己一起玩，父母却因为实在太忙而无法陪伴的情况。这种情况下，父母不妨先说一些抚慰孩子的话，例如"妈妈也想跟你一起玩"，接着再真诚地说明暂时不能陪他玩的原因，并告诉孩子什么时候可以陪他玩，想必孩子也会理解的。

"妈妈也想和宝贝一起玩。"

"可是妈妈手里的工作还没做完呢，你能等妈妈到三点吗？"

如果没有解释原因，而只是告诉孩子："我现在很忙，等会儿再说吧。"那孩子一定会倍感失落，并且还会觉得："妈妈只知道忙工作，总是不肯陪我。"多次经历这样的情况，孩子可能就会觉得很沮丧，觉得："妈妈认为工作比我更重要。"

忙碌时也可以玩的游戏

如今，很多妈妈都是上班族，很难做到事业与育儿两全其美。

不过，和孩子一起玩的方式有很多种。

如果有时间，可以带着孩子走出家门；如果觉得出去玩很麻烦，也可以设定一个特定的时间，与孩子一起在家里玩。

在家玩的方式也有很多种。

例如，前几天我和学生们一起玩叠叠乐，并特意立下了一个规定：在推倒高塔时，不要“啊啊啊”地尖叫，而是要所有人一起高声大喊：“今天好幸运啊！”于是，场内的气氛沸腾起来了。

在家里的时候也是如此，如果父母能在观察孩子行为时用诸如“妈妈都紧张了”“加油、加油”或“好开心呀”之类的词语来表达自己的心情，孩子也能慢慢学会理解更多的情感。而且叠叠乐最多也就能玩10分钟，即使是两三岁的小孩子也能独立摆弄拼搭。最后，高塔轰然倒下时，会让人觉得畅快无比，心情都跟着愉悦了许多。

除此之外，父母还可以与孩子一起玩一些卡牌游戏。卡牌游戏有许多种类，我最喜欢的是一款由玩家来扮演电影研究者的游戏。在这个游戏中，每一个玩家都是一名电影研究者，根据卡片上规定的主题来创作一个虚构的电影，并假装自己十分熟悉其中的情节。在这个过程中，玩家需要用语言表达出自己的想象力，还要学会慢慢调整语言，以吸引其他人的注意力，哪怕只是一个简单的游戏，也会让所有人乐在其中、兴奋不已。

当然，类似的游戏还有许多。这些游戏可以让父母和孩子在有限的时间内尽情欢乐，从而增进亲子感情。

51

对一进百货商场就乱跑的孩子

✕

努力的爸爸

“不要乱跑，跟你说过多少次了！”

○

智慧的爸爸

不要带孩子去那些禁止奔跑的地方，而是带他们去个可以尽情撒欢的地方。

“来吧，一起跑吧！”

“不要乱跑，跟你说过多少次了！”

我们经常在商场或超市里看到追着孩子咆哮的父母。幼小的孩子在人潮涌动或是陈列着许多商品的区域随意奔跑是一件十分危险的事情。为了避免这种危险，许多父母都会试图用这句话来让孩子停下脚步。

而对于孩子来说，他们奔跑只是因为想跑、因为高兴。其实，仅此而已。他们尚未意识到这是一种危险的行为，也没想过这会给其他人造成麻烦。

“爸爸知道你很想在这么大的地方奔跑，但要是不小心撞到人，你和那个人都可能会受伤，所以很危险，不要再跑了，好吗？”

如果一定要带孩子去商场，那就耐心地告诉他们为什么不能乱跑。

但话说回来，为什么要带着一个很想奔跑的孩子去禁止奔跑的地方呢？孩子多半也不愿意去那里吧？父母之所以会带着年幼的孩子去商场，大概是因为自己想去或是出于某种目的不得不去吧？

为人父母者要深知，孩子和自己性格不同，更何况孩子通常并非自愿来商场的，而是被父母带着来的，如此一来，实在不该动辄责骂。

孩子的行为不当通常是由于场合不当所致

前几日我去买东西的时候，正好在店里碰到了一对看起来刚上小学的兄弟，他俩一边开心地喊着:“希望明天是个大晴天!”一边把脚上的鞋子踢飞。结果，这对兄弟就被旁边的爸爸妈妈、爷爷奶奶严厉地责骂了一顿。

但是，如果他们是在一个大大的公园里一边开心地喊着:“希望明天是个大晴天!”一边踢飞鞋子，那结果又会如何呢？我想，爸爸妈妈和爷爷奶奶都会笑眯眯地看着他们说:“孩子们那么开心活泼，真好啊!”

很多时候，孩子会出现不当行为，都是因为他们被带到了一个让人安静不下来的地方，从而做出了一些看似荒谬的举动。

既然如此，不如就带他们到一个可以随意脱鞋、自由奔跑、尽情玩耍的地方，这样更有助于孩子的心理发展。

其实，父母并不需要额外再做些什么

许多父母都会觉得，每逢暑假之类的长假，就该带孩子出去旅游长见识。

若是父母单纯以自己开心为旅行的目的，那自然美妙，但如果是“为了孩子”，希望孩子能通过旅行促进身心的健康发展，那其实大可不必。无论是妈妈想去泡温泉，还是爸爸想去海钓，归根结底都是父母想去做的事，而不是为了孩子去做的。其实，大多数孩子可能只想待在家里玩游戏。

通常情况下，只有在进入小学后的旅游经历，才会清晰地留在孩子的记忆中。例如，最近很流行露营，许多父母都希望借此机会让孩子体验一下原始生活的乐趣，但如果孩子太小，其实这些记忆并不会伴随他们太久。而且，还存在很多危险。或许父母会为了保护孩子的安全而时不时责骂他两句。

与其如此，不如选择一个能让孩子尽情玩耍、不用担心危险的地方，比如家附近的公园，也许会更有利于孩子的心理发展。我们很难记住一个只去过一次的地方，但很容易记住一个去过很多次的地方。

等到孩子长大后，说起美好的回忆时，首先想到的可能会是："小时候，我经常在公园里玩，真是太开心了。"

温泉之类的地方也是如此。不少孩子可能本就不太喜欢洗热水澡，到了旅馆后还得时刻佯装乖巧懂事，再加上往返路程一般都很长，实在算不上美好的经历。

我很理解父母希望趁着长假让孩子留下一些特别回忆的想法，但这最好是在他们长到能够记住这些特别经历的年纪。

在此之前，在规划出游地时，应尽量选择能让孩子尽情玩耍的地方。

弥生老师的心理健康咨询室

我想给孩子们留下“父母的温柔形象和幸福的回忆”

随着独生子女家庭数量增多，父母对孩子的关注度也逐渐提升，甚至出现过度控制的现象。

父母要求孩子在学校里努力学习，回到家后也要做个乖巧听话的好孩子，不能闹脾气，在父母提出要求的时候必须愉快地回应。然而，不停地被提出这些要求的孩子，到底什么时候才有机会放松一下呢？

正所谓“无事小神仙”，如同手机需要充电一样，我们也同样需要充电。

当妈妈独自一人观看最喜欢的电视节目，或喝着热茶、品尝美味的点心时，是不是也会觉得“好幸福啊”？

对于孩子来说，在父母亲人的身边无所事事地待着，就如同在给“幸福感”充电。

可是，父母又非常希望看到孩子时时刻刻努力的模样。这种望子成龙的想法无疑是在剥夺孩子为幸福感充电的时间，一句“别在那里无所事事！”的严厉警告，其实是在摧毁孩子的幸福感。

“孩子们不会记住你教过什么。只会记住你是个什么样的人。”

这是世界著名的儿童教育节目《芝麻街》的创始人吉姆·亨森说过的一句话。我觉得这句话准确地概括了父母在养育孩子方面的重要心得。

责骂孩子的父母，往往会给孩子留下“我的爸爸妈妈脾气很暴躁”的记忆。即便父母拼尽全力想要让孩子好好成长，那段记忆也不会如实地存在于孩子的脑海中。

那么，在对待孩子时，尽量选择开明、宽容的态度，例如在阖家轻松愉悦的时候对孩子说：“全家人一起悠闲自在地坐在一起的时候，就是最幸福的时候了。”是不是更有助于孩子的心理发展呢？

“妈妈好幸福，因为妈妈有 ×× 这么可爱的宝贝。”

如果父母能在孩子觉得悠闲轻松的时候对他们这么说，孩子一定会觉得很踏实、很幸福。

即使每天都过得很忙碌，父母也不要忘了向孩子表达自己的爱意（实际上只需要花费很短的时间），在孩子感到幸福的时候，父母再告诉他们：“真的好幸福啊。”这些经历的积累，会给孩子们留下“与父母在一起时温暖、幸福的回忆”。

这些记忆，会成为孩子独一无二的指南针，让他们充满自信，勇敢地表达自己。

结语

你一定不会忘记那些日子吧！

“我怀孕了！”

“马上就能见到宝宝啦！”

“期待已久的这一天即将到来！”

当时的你一定很兴奋吧。

然而，兴奋之余，你也难免会心生忧虑，担心自己能否成为合格的父母，能否将孩子培养成健康正直的人。

激动人心的那一刻终于来临，对于初为人父或人母的你来说，一切都是那么新鲜、令人好奇。

即便后来迎来了第二个、第三个孩子，那种既忐忑又激动的心情，依旧不会改变。

因为每个孩子都是独一无二的个体。

即使你满心想着做个好父母，却常常陷入迷惘，不知道怎样才算是好父母。因为你无法完全知晓孩子在想什么，想要表达什么。于是，你担心所有的事情，并试图解决每一个烦恼，不知不觉间就陷入了一个恶性循环。

有时候，你甚至会觉得自己已经被“父母”这个身份带来的重担压得喘不过气。

不过，请别担心。

父母是因为有了孩子才成为父母，而不是单纯为了教育孩子才担起这个身份。

从孩子呱呱坠地的那一刻起，他们就开始向父母求助。

婴儿时期，他们还不会说话，为了生存，他们只能通过哭泣来传达需求。

在孩子成长的过程中，父母需要传授智慧、价值观以及社会生存和文化所需的语言和技能，以便孩子将来能够更好地独立生活。

父母无须直接给孩子提供正确答案，只需陪伴孩子共同思考，树立积极克服困难的榜样即可。

这本书的主题是“父母如何向孩子表达重要的事情”。

在这里，我用的是“表达”，而非“语言”。提及“传达信息”的时候，我们往往会将注意力放在“语言”上。

例如，看到孩子跌倒时，父母不是问:“你没事吧?”就是喊着:“站起来!”或是:“你在干什么?”

当然，所选词语本身确实会对孩子的心理产生影响。然而，沟通中最重要的一点在于真诚的表达方式。

首先，在跟孩子说话时要看着孩子，充分展现出对孩子的关注。如果父母眼神游离，看向别处，那么无论再怎么唠叨，也很难起到准确传达信息的目的。若你足够关心孩子，就会在忍不住想要骂孩子“你怎么回事”的时候，突然意识到：“就算我这么说他，好像也没什么用啊。”

如果能在说话时坚定地看着孩子的眼睛，或者站在孩子的角度冷静地与他们交流，那么父母的行为和态度都会慢慢地发生变化，也会逐渐意识到向他人“传达”某个信息实际上并不仅仅只是语言层面上的传达。

许多年前，我家孩子还小，而我又正处于事业上升期，每天都被数不清的工作所淹没。那时的我，每天都盼着孩子能早点上床睡觉，好让我能在家安静地工作一会儿，哪怕只有一个小时也好。

我每天早早回家，迅速安排孩子吃饭、洗澡，然后就一心期盼着孩子能快点入睡。可是，孩子却总是瞪着大眼睛，迟迟不肯入睡。就算我用“要是不早点睡，明天就会犯困哦”之类的话吓唬他也无济于事。

然而，奇妙的是，在我打算放下工作，好好陪孩子的夜里，他更容易入睡。

其实，孩子很聪明的，他能从我的言行举止中读懂我的企图（想让他早点睡觉）。

父母在催促孩子睡觉时，那些冠冕堂皇的“说辞”并不会让孩子真正接受，反而是不经意间流露的眼神、语调，以及烦躁的态度等非语言层面的情绪，会真正进入孩子的内心。

但我们常常忽略这些，几乎没有站在孩子的角度上考虑过，因为我们一心只想着：“工作来不及做了！”

本书中所述的表达技巧，看似都是关于如何与孩子交谈、如何回应孩子的示例。但其实我更希望大家关注的是书中针对每个问题的“说明”内容。

事实上，明智的父母为了努力“做好父母”，会提前从心理学的角度学习“做好父母的秘诀”，做足准备才能让自己拥有更从容的心态。

我想，每个人都难免会有“当时要是我那么说就好了”的遗憾。然而，如果你能记住一些秘诀，就能在深吸一口气后敏锐地察觉到“现在”正是传达重要信息的时机。

从此，养育孩子不再会是您的“艰难时期”，而会成为您“作为父母”意义非凡的重要阶段。

从此，你的举止、神情将不再与你的语言有所矛盾，都将被准确地传达到孩子的心里，助力孩子健康成长。

渡边弥生